METTIGLIELO NEL CUORE ALLE BANCHE

SCOPRI COME RECUPERARE SOLDI DAI TUOI CONTI CORRENTI SENZA FARTI FREGARE DAL BUSINESS DELLE PERIZIE.

Copyright: Massimo Cantoni - Imprenditore Sicuro.
www.imprenditoresicuro.com

ISBN: 978-1-326-43520-2

Tutti i diritti riservati. L'opera, comprese le sue parti, è tutelata dalla legge sui diritti d'autore.

Tutti i diritti sono riservati. Nessuna parte di questo libro può essere riprodotta tramite alcun procedimento meccanico, fotografico o elettronico, o sotto forma di registrazione fonografica; né può essere immagazzinata in un sistema di reperimento dati, trasmesso, o altrimenti essere copiato per uso pubblico o privato, escluso l'"uso corretto" per brevi citazioni in articoli e riviste, senza previa autorizzazione scritta dell'editore.

INDICE

Pag. 5 – Introduzione

Pag. 16 – CAPITOLO 1 - HAI NOTATO QUANTO E' DIVENTATO DIFFICILE SOPRAVVIVERE OGGI NEL MONDO DEL LAVORO?

Pag. 44 – CAPITOLO 2 - ECCO PERCHE' ADESSO SONO IN GRADO DI AIUTARTI A RISOLVERE IL TUO PROBLEMA BANCARIO

Pag. 49 – CAPITOLO 3 - NESSUNA PREGHIERA E NESSUNA FORMULA MAGICA: ECCO L'UNICO SCHEMA ANTI-BANCA

Pag. 55 – CAPITOLO 4 - LE 3 COSE CHE DEVI ASSOLUTAMENTE FARE PER LASCIARTI L'INCUBO BANCARIO ALLE SPALLE

Pag. 75 – CAPITOLO 5 - LE 3 COSE CHE DEVI EVITARE COME LA PESTE SE NON VUOI FARTI ROVINARE LA VITA DALLE AZIENDE DEL BUSINESS DELLE PERIZIE

Pag. 87 – CAPITOLO 6 - IL MULTI-LEVEL PER APPIOPPARE BIDONI A CHI HA PROBLEMI CON LA BANCA

Pag. 106 – CAPITOLO 7 - APPLICA LO SCHEMA O TI FARAI REALMENTE DEL MALE DA SOLO

Pag. 116 - CONCLUSIONI

INTRODUZIONE

CHI TI HA RUBATO L'OMBRELLO?

Stiamo vivendo un periodo nero, anzi nerissimo!
L'economia è bloccata da anni, i clienti non pagano, i fornitori sono sempre pronti a tirarti qualche bidone, le istituzioni e le associazioni non forniscono strumenti sufficienti per dare la svolta... Insomma qualcuno lassù deve essersi dimenticato di pagare l'enel perché la luce in fondo al tunnel si è spenta da tempo e non accenna a riaccendersi!

In questo contesto durissimo da far west dell'imprenditoria, proprio coloro che dovrebbero mettere benzina nel tuo motore per aiutarti a ripartire, ti voltano le spalle lasciandoti sprofondare in una melma di debiti.
Sto parlando delle banche, cioè quelle istituzioni che ti prestano l'ombrello quando c'è il sole e ti lasciano nei guai quando piove.

In questo periodo nero le banche dovrebbero essere d'aiuto concedendo credito a quelle aziende che si impegnano a lavorare e a dare occupazione nonostante le difficoltà. E se proprio il credito non lo vogliono concedere, le banche dovrebbero almeno garantire di comportarsi in modo corretto, evitando di pretendere anche un solo euro in più di ciò che spetta loro.
E invece?
E invece è ormai sotto gli occhi di tutti che le banche commettono irregolarità ed illeciti come anatocismo e usura su conti correnti, mutui e leasing!

Questo vuol dire che invece di pretendere da te i soldi pattuiti per contratto (e già sono tanti!!) spesso e volentieri te ne chiedono molti di più, ILLEGALMENTE, svuotandoti le casse ed impedendoti di avere serenità e credito a sufficienza per continuare a lavorare! In altre parole, non solo ti tolgono di mano l'ombrello proprio quando sta per iniziare a piovere, ma ti rubano pure l'impermeabile e ti lasciano in braghe di tela condannandoti a una polmonite sicura!

E, non contente di averti massacrato per anni con tassi fuori legge e condizioni contrattuali svantaggiosissime per te, quando tu per colpa loro non sei più in grado di ripagare mutui, prestiti e fidi, sai cosa fanno?

Ti impongono il rientro degli affidamenti, ti pignorano la casa, ti portano via il capannone, ti sottraggono i tuoi risparmi messi a garanzia e tormentano chi ti ha aiutato con le fidejussioni. Ricapitolando, per colpa della stessa banca che ti ha prosciugato le casse per anni facendo illeciti ora ti portano via le tue proprietà messe a garanzia.

Metaforicamente parlando è come se, dopo ad averti tolto l'ombrello quando piove ed averti rubato l'impermeabile condannandoti ad una bruttissima polmonite, ti avessero pure investito a tutta velocità per completare l'azione di INGIUSTIZIA fatta nei tuoi confronti da anni.

PERCHÉ PENSI CHE LA BANCA CE L'HA PIÙ GRANDE?

Quando ti ritrovi indebitato, scoraggiato e indebolito dallo strapotere bancario non puoi che sentirti FRUSTRATO: sai che hai ragione tu perché ormai è chiaro a tutti che spesso la banca fa anatocismo, usura ed altri illeciti, ma non sai cosa fare per risolvere la situazione senza metterti in guai ancora peggiori.

Se hai il dubbio che la banca abbia calcato la mano con interessi e commissioni, bisogna RICALCOLARE il suo operato per dimostrare che ti deve indietro dei soldi. Questi calcoli sono estremamente complicati da fare e, a meno che tu non sia un ingegnere finanziario con esperienza pluriennale nel settore specifico, affiancato da un esperto di giurisprudenza e diritto bancario, dubito che tu ne possa venire a capo...

Ma se tu non sei uno specialista e non hai tempo di rimetterti dietro i banchi di scuola per un decennio per diventarlo, allora hai bisogno di un esperto che lo faccia per te.

So cosa stai pensando: "e anche se trovassi lo specialista di matematica finanziaria e lo specialista di diritto bancario che possano aiutarmi col mio problema, COME REAGIRÀ LA BANCA alle mie accuse??".

Ti capisco, ci hanno fatto il lavaggio del cervello per decenni costringendoci a credere che la banca è un istituto corretto, che ci aiuta, che non ci farebbe mai del male. Hai pure preso il caffè con quel direttore così gentile che ti ha regalato l'agenda a Natale: figurati se quelli della banca ti vogliono fregare...

E ce l'hanno ripetuto talmente tante volte che alla fine ci abbiamo realmente creduto. Ora siediti e prendi un bel respiro perché sto per dirti una cosa che ti sconvolgerà la vita: Babbo Natale NON ESISTE! Ok, forse lo sapevi già ma parliamoci chiaro: per quanti anni hai creduto che Babbo Natale esistesse davvero, solo perché tutti ti dicevano che quella era la verità?

Beh con le banche è successo lo stesso: a furia di descriverle come istituzioni corrette alla fine qualcuno ci ha creduto davvero (ma era in torto).

Ora magari scommetti ad occhi chiusi sul fatto che la banca ti frega i soldi, fa anatocismo e usura e non rispetta i contratti che avete firmato insieme. Ma hai ancora un grosso mito da sfatare, vero? E cioè che la banca commette illeciti ma è talmente potente e talmente inattaccabile che è meglio lasciarla stare prima che si incazzi e decida di farti delle ritorsioni

Siediti e respira profondamente perché sto per distruggerti un altro mito: se ti affidi agli specialisti di matematica finanziaria e diritto bancario con esperienza pluriennale per far valere le tue ragioni, hai la certezza di ridurre praticamente a zero la possibilità che la banca muova anche solo un dito per ripicca.

SE LE RISPOSTE CHE HAI RICEVUTO NON TI HANNO CHIARITO LE IDEE VUOL DIRE CHE CHI TE LE HA DATE NON È UNO SPECIALISTA

Partiamo dal presupposto che non sei laureato in Matematica finanziaria e che quindi hai bisogno che qualcun altro dia risposte alle tue domande.
Hai chiesto consigli su come poter recuperare soldi dalla banca al tuo commercialista? Sono sicuro che sia una brava persona ed un ottimo consulente ma sappi che:

1) NON È LA SUA MATERIA. C'è un abisso tra il saper fare la dichiarazione dei redditi (compito del commercialista) ed il saper fare dei ricalcoli di natura matematico-finanziaria con supporto giurisprudenziale di diritto bancario (probabilmente il commercialista non sa neanche cosa sia).

2) IL COMMERCIALISTA È AMICO DELLE BANCHE. Molto spesso commercialisti e banche vanno a braccetto, hanno buoni rapporti e si interscambiano i clienti. Il commercialista non ti consiglierà mai di fare causa alla banca se questo comporta per lui perdere dei clienti, capisci?

Hai chiesto consigli su come poter recuperare soldi dalla banca al tuo avvocato? Sono sicuro che sia una brava persona ed un ottimo consulente ma sappi che:

1) GLI AVVOCATI SPECIALIZZATI IN DIRITTO BANCARIO SONO POCHI E RARI. Sono un po' come un'oasi nel deserto, è difficile trovarli e anche se li trovi magari non hanno tantissima esperienza.

2) L'AVVOCATO HA UNA BELLA PARLANTINA E CAMPA CON LA TUA PARCELLA. Alcuni legali, per non lasciarsi sfuggire l'occasione di guadagnare, ti assicurano di essere in grado di fare la trattativa con la banca anche se non è vero. Te lo dico in parole semplici: siccome commercialista ed avvocato

godono della tua fiducia incondizionata possono approfittarsene dandoti i consigli sbagliati che porterebbero beneficio solo a loro... Occhio!

Magari non hai parlato dei tuoi problemi bancari con i tuoi consulenti ma ne hai parlato al bar con i colleghi perché avete sentito dire che alcuni imprenditori sono riusciti a fare causa alla banca oppure avete sentito queste notizie in televisione?
Te lo dico francamente: per quanto tu possa voler bene ad amici e colleghi, sei sicuro che saranno in grado di darti il parere professionale giusto su un argomento così delicato? Se ho un problema di salute, anche se il mio medico dovesse starmi sulle balle per qualche motivo, andrei comunque da lui a chiedere un parere professionale, perché lui è un esperto mentre i miei amici
no, capisci?

Infine ti svelo un segreto che ho scoperto negli ultimi 3 anni circa, lavorando come specialista di diritto bancario: 'avere problemi con le banche' e 'sapere utilizzare internet' è un'accoppiata negativa micidiale che ti assicurerà una lenta morte dolorosa! Navigando in rete infatti troverai una quantità enorme di personaggi che si spacciano per esperti (ma che esperti non sono) e che pretendono di conquistare la tua fiducia (e soprattutto i tuoi soldi...) parlando di problemi bancari senza averne le competenze.

Per non parlare poi di quella miriade di studi, aziende, centrostudi, associazioni, fondazioni, consulenti che si
pubblicizzano in internet spacciandosi per esperti in grado di aiutarti coi tuoi problemi bancari. Facci caso: fino a qualche mese fa non esistevano neanche oppure facevano tutt'altro mestiere. Non ti puzza di bruciato sapendo che probabilmente sono solo degli approfittatori che, con molto pelo sullo stomaco, si sono gettati nella mischia sfruttando la tua disperazione e i tuoi problemi per guadagnare dei soldi?

Fai caso anche a questo: i loro servizi spaziano dai ricalcoli bancari, alla finanza agevolata, ai fondi europei, alle carte di credito, alla cessione del quinto, all'internazionalizzazione, al risparmio sulle spese aziendali, al marketing... Più che un laboratorio specializzato sembrano dei mercatoni cinesi che trovi OVUNQUE e che vendono TUTTO PER TUTTI.

BUONE NOTIZIE: PER FORTUNA C'È UNA NUOVA REALTÀ!

Forse qualcuno si è messo la mano sul cuore e ha pagato le ultime bollette perché la luce in fondo al tunnel sta tornando ad accendersi.
Infatti anche se i tuoi problemi bancari ti sembrano insormontabili e non ti puoi neanche fidare delle persone che ti promettono di aiutarti, voglio darti una splendida notizia: c'è una nuova realtà, una nuova opportunità positiva per chi è nella tua situazione.

Fino a circa 10 anni fa ingaggiare analisti finanziari e avvocati specializzati per controllare i rapporti bancari ed ottenere dei rimborsi era realmente una cosa per pochi: i professionisti in grado di farlo erano veramente pochi e COSTAVANO TANTISSIMO. Per fortuna oggi qualcosa è cambiato e sempre più imprenditori hanno smascherato la propria banca ricevendo indietro dei soldi.

Che le banche spremano come limoni con tassi e condizioni proibitive gli imprenditori è un argomento che piano piano sta diventando di dominio pubblico e il numero di risarcimenti che le banche concedono cresce di anno in anno. Inoltre l'investimento da fare non è più quello di dieci anni fa, oggi gli imprenditori ottengono risultati concreti spendendo cifre accessibili.

E quello che conta di più è che puoi ottenere tutto questo in totale SICUREZZA, mantenendo intatta la tua buona
reputazione e senza aver paura che la banca faccia rappresaglie, quindi la speranza eccome se c'è, ANCHE PER TE!

VUOI SAPERE PERCHÉ STAI LEGENDO QUESTO LIBRO?

Lavoro in questo settore da 4 anni e cioè da prima che diventasse di dominio pubblico; in quel periodo se dicevo a un imprenditore che le banche fanno usura non mi credevano e mi davano del matto. Se parlavo loro di anatocismo pensavano che stessi dicendo una parolaccia in una qualche lingua dell'est europa.

A quei tempi non c'era praticamente nessuno che si spacciava per esperto della materia in tv, sui giornali o su internet. Oggi invece tutti gli imprenditori danno per scontato che la banca fa usura, conoscono il significato di anatocismo e i mass media sono intasati di ciarlatani che si spacciano per professionisti senza averne le competenze. In altre parole questo settore io l'ho visto crescere e lo conosco in tutti i suoi pro e contro.

Certo non ti nascondo che ho avuto fegato ad ascoltare quotidianamente storie drammatiche di aziende in difficoltà, sull'orlo del fallimento o sul punto di dover licenziare i
dipendenti, in attesa di vedersi portare via da un giorno all'altro la casa o il capannone, la sofferenza di vedere i debiti accumularsi sempre di più.

Gli imprenditori chiedevano il mio aiuto perché non sapevano dove sbattere la testa.
Perfino quelli più informati, che avevano intuito che la soluzione sta nell'analizzare i conti correnti, i mutui o i leasing per poi imbastire una trattativa a livello legale con la banca, erano disperati perché non sapevano a quali professionisti affidabili rivolgersi.

ATTENZIONE! GLI AVVOLTOI VOLANO SEMPRE IN CERCHIO SOPRA LA PREDA FERITA IN ATTESA DI DARLE IL COLPO DI GRAZIA

Io collaboravo con alcune delle società che si propongono di risolvere i problemi bancari degli imprenditori e quindi le ho conosciute dall'interno.

Il mio desiderio era di essere utile alle aziende ad uscire delle loro difficoltà e dall'indebitamento, ma c'era un problema grande come una casa: le società con cui collaboravo avevano competenze tecniche così scarse che anziché tirare fuori gli imprenditori dalla loro situazione drammatica (come promettevano di fare dietro lauto compenso) li facevano sprofondare in situazioni ancora più disperate, obbligandoli a saltare dalla padella alla brace.

Insomma il 90% delle società che si occupano di questo settore predicano bene (per incassare la parcella) ma in realtà fanno più danni che altro. Il loro unico obiettivo è quello di venderti delle perizie sui tuoi rapporti bancari, ecco perché io le chiamo 'aziende del business delle perizie'.

Non ti nascondo che ho sofferto molto nello scoprire che il 90% delle società presenti sul mercato mirano solo ed unicamente a spillare gli ultimi soldi a imprenditori disperati con la promessa (che non manterranno) di risolvere i loro problemi bancari.

Non appena l'ho scoperto ho preso le distanze da queste società che hanno più pelo sullo stomaco che competenze tecniche, ma in tutta onestà ti confesso che il fatto di averci collaborato e aver messo personalmente la faccia proponendo i loro servizi ad alcuni imprenditori mi provoca ancora un senso di disagio e anche un po' di vergogna.

SIAMO TUTTI SULLA STESSA BARCA: I FALSI PREDICATORI HANNO INGANNATO TANTO ME QUANTO GLI IMPRENDITORI, MA FINALMENTE ORA È ARRIVATO IL MOMENTO DEL RISCATTO

Alla fine però ho deciso di non darmi per vinto e così ho messo insieme tutta l'esperienza accumulata sul campo durante gli anni e di metterla a disposizione di chi ne avesse bisogno.
Infondo chi meglio di me sapeva quali sono realmente i problemi degli imprenditori, quali strumenti servono per risolverli e quali sono i pro e i contro nell'affrontare la trattativa con la banca? Chi meglio di me conosce i retroscena che servono a difendersi dalle società che vogliono spillare soldi alle aziende in difficoltà?
Dopodiché ho girato in lungo e in largo finché ho trovato i professionisti specializzati in matematica finanziaria e diritto bancario in grado di supportarmi ad essere davvero d'aiuto agli imprenditori in campo bancario.

SE LO VUOI DAVVERO PUOI RISOLVERE I TUOI PROBLEMI

Ora che ho tutti gli strumenti per aiutare le aziende a difendersi dalle banche con efficacia mi sento davvero bene. I tempi in cui volevo farlo ma non ci riuscivo per colpa delle società sgangherate ed assetate di soldi con cui collaboravo mi sembrano lontani anni luce.
Ti dirò di più: sono sempre più numerosi gli imprenditori che mi contattano proprio per riparare ai danni che hanno subito dopo essersi affidati a quel 90% di società che promettono di risolvere i problemi bancari ma in realtà vogliono solo spillare soldi facili approfittandosi della vulnerabilità degli imprenditori disperati.

Tenere testa allo strapotere delle banche è oggi una realtà e trovare specialisti capaci a cui affidare questo compito delicato è possibile. Se sono riuscito io a trovare finalmente la strada giusta nonostante le immense e drammatiche difficoltà in cui mi sono trovato, non vedo perché non dovresti riuscire a farlo anche tu: se vuoi sbarazzarti una volta per tutte dei tuoi problemi con le banche lo puoi fare eccome, la mia storia ne è l'esempio lampante!

ECCO LA GUIDA PER RISOLVERE EFFICACEMENTE IL TUO PROBLEMA ED USCIRNE A TESTA ALTA

Se sei davvero intenzionato a svegliarti una volta per tutte dall'incubo in cui ti ha costretto a vivere la tua banca non devi fare altro che proseguire attentamente nella lettura di questo libro che ho scritto per te.

Ti prenderò per mano e ti condurrò passo dopo passo alla scoperta delle tecniche e delle strategie che devi assolutamente conoscere per risolvere i tuoi problemi specifici. Non devi passare anni a fare la gavetta: ti metto io a disposizione la mia lunga esperienza in questo settore e ti svelerò i retroscena che ti serviranno a difenderti da quegli impostori che promettono di aiutarti ma in realtà mirano solo al tuo portafogli.

Mentre leggi questo libro imparerai tutto quello che ti serve sapere per poter fare la scelta migliore per te ottenendo la soluzione su misura per risolvere il tuo problema specifico.

ECCO COSA IMPARERAI PROSEGUENDO NELLA LETTURA

Nel capitolo 1 ti descriverò nel dettaglio come è la situazione attuale del mondo del lavoro e che ruolo ricoprono le banche in tutto questo. Per arrivare a capire i segreti delle banche ed imparare tecniche e strategie ho dovuto fare un lungo viaggio, partito molto tempo fa, che ti svelerò nel capitolo 2.

Dopodiché, nel capitolo successivo, vedremo nel concreto quali soluzioni devi adottare per non farti fregare né dalle banche né da quei ciarlatani che promettono di aiutarti senza avere le competenze per farlo. Il capitolo 4 è un manuale dettagliato di sopravvivenza in cui imparerai per filo e per segno cosa ti serve se vuoi risolvere il tuo problema bancario.

Il capitolo 5 è un manuale segreto che contiene tutti i retroscena che le aziende del 'business delle perizie' non vogliono assolutamente che tu conosca, altrimenti non riuscirebbero più a ingannarti per scucirti soldi facili.

Nel capitolo precedente hai imparato cosa bisogna fare per salvarsi la vita, qui ti rivelo in che modo le aziende del business delle perizie cercheranno di impedirti di farlo. Anche il modo in cui i ciarlatani del diritto bancario cercheranno di venderti i loro servizi è fondamentale per poterti difendere ed è il motivo per cui nel capitolo 6 ti svelo come riconoscere il loro sistema di vendita basato sul multi-level.

C'è del marcio in giro, e pure parecchio, ma non preoccuparti perché nel capitolo 7 ti dirò come fare le cose semplici ed applicare lo schema che ti ho svelato ti porterà a risolvere il tuo personale problema bancario. Alla fine trarremo le somme di quanto ti ho insegnato e ci saluteremo con le Conclusioni.
Buona lettura!

CAPITOLO 1

HAI NOTATO QUANTO E' DIVENTATO DIFFICILE SOPRAVVIVERE OGGI NEL MONDO DEL LAVORO?

LA BANCA È IL NEMICO?

Le banche esistono da secoli, le aziende pure.
Quello non si era mai visto in modo così evidente è la crisi, che ha fatto inceppare il meccanismo di collaborazione che esisteva tra banca e impresa e che permetteva a entrambe di guadagnare e prosperare.

L'imprenditore ci metteva la visione, la lungimiranza di creare qualcosa che avrebbe prodotto ricchezza e la responsabilità di assumersi un rischio, ma aveva bisogno del denaro per finanziare il progetto; la banca ci metteva i soldi e li avrebbe rivoluti indietro con gli interessi.
Ecco fatto, tutti contenti, l'imprenditore guadagnava grazie al lavoro che era riuscito a costruire e la banca guadagnava grazie agli interessi che tornavano costantemente nelle sue casse.

Ora non è più così, la crisi ha cambiato le carte in tavola rovinando la semplicità e la serenità di questo circolo economico virtuoso.
Negli ultimi anni la gente spende sempre meno, le aziende hanno meno clienti e se li hanno c'è il rischio di ricevere insoluti. Hai un insoluto quando il tuo cliente non ti paga: spendi soldi e tempo per creare il prodotto che ti ha commissionato ma siccome anche lui è in crisi, alla fine non ti paga.

Già è difficile sbarcare il lunario perché il lavoro è diminuito e la gente spende di meno, figurati poi se i tuoi clienti non pagano! Come fai in queste condizioni a rispettare gli accordi presi con la banca e pagare i tuoi debiti?
Non puoi e quindi diventi anche tu un cattivo pagatore.
È una catena che trascina tutti in una spirale di debiti:

C'è crisi => la gente non spende
la gente non spende => il commerciante ha meno soldi
il commerciante ha meno soldi => non paga il fornitore
Il fornitore ha meno soldi => non paga la banca
La banca riceve insoluti => ti costringe a restituirle i soldi che ti ha prestato

Da questo schema capisci bene che da un certo punto di vista la banca è nella tua stessa situazione, cioè ha fornito un servizio che non le è stato pagato.
Chiedendoti indietro i soldi che ti ha prestato sta solo rispettando il contratto che tu hai firmato insieme a lei di comune accordo.
La banca il finanziamento te l'ha erogato e in cambio tu sei d'accordo di restituirglielo con tanto di interessi.
Se ci pensi bene questo non è il comportamento di un 'nemico' bensì quello di un'azienda che vuole fare rispettare gli accordi presi.
Tu non faresti lo stesso?

Certo il discorso cambia se scopri che la banca pretende da te molti più interessi di quelli che avevate pattuito e magari te li sottrae di nascosto, sfruttando il fatto che tu non sai leggere da solo tutti quei cavilli e quelle postille scritti sul contratto che hai firmato.

Ti parlerò più avanti di come puoi sapere se la banca ha giocato sporco con te, per ora ti anticipo soltanto che è la cosa più normale e semplice del mondo: ci sono degli specialisti in grado di quantificare quanti soldi la banca ti ha sottratto e di farteli restituire.

LA BANCA È UN'AZIENDA E VA PAGATA

Nelle chiacchiere da bar se ne sentono di tutti i colori sulle banche: "strozzini", "usurai legalizzati", "lo strapotere delle banche", "ti prestano l'ombrello solo quando c'è il sole" e chi più ne ha più ne metta.
Il linguaggio è colorito ma contiene un po' di verità, nel senso che negli ultimi anni ho constatato di persona che alcuni istituti bancari abbiano ammesso di aver applicato tassi oltre la soglia di legge ai propri clienti.
Esiste un intero settore professionale che si occupa proprio di questo ed è il diritto bancario.
Quindi non preoccuparti: puoi certificare che la tua banca ha commesso irregolarità nei tuoi confronti e fargliela pagare ottenendo un rimborso.
Non saresti il primo né saresti l'ultimo imprenditore che ci riesce.
I professionisti specializzati in diritto bancario che possono esserti utili a risolvere i tuoi problemi ci sono: il difficile è distinguerli in mezzo a una giungla di aziende e centrostudi che si spacciano per esperti ma che in realtà mirano solo a venderti qualcosa e svuotarti il portafogli.
Attenzione!
Non basta avere un conto corrente affidato per avere diritto a un rimborso.
Non basta che la televisione parli in prima serata di "Anatocismo" (l'interesse sull'interesse) per decretare che TUTTE le banche applicano interessi oltre la soglia di legge.
Il complicato ed intrecciato rapporto che lega l'imprenditore alle sue banche è un argomento estremamente delicato e personale, da trattare in modo diverso a seconda del caso specifico.
Chiediti in quale di questi 2 casi rimarresti più sconvolto:

1) un bel giorno scopri che per anni la tua banca, quella del direttore di cui non sospetti perché è simpatico e ti offre sempre il caffè, per anni ti ha "fregato" perché ha commesso illeciti sul tuo conto corrente e quindi ora ti deve restituire dei soldi.

2) incontri al bar un venditore che ti fa una "Preanalisi Gratuita" per scoprire se la tua banca ti deve restituire dei soldi. La preanalisi gratuita dice che la banca ha fatto Usura di ogni tipo e anatocismo e quindi ti deve ridare indietro un bel gruzzolo. Per riaverlo indietro devi però pagare una perizia che dimostri quanto sostiene la preanalisi gratuita e poi ingaggiare un avvocato che la usi per andare in trattativa con la banca.

    Oltre a tutte queste spese, SE recuperi qualcosa devi darne una parte all'azienda che ha gestito la tua pratica.
Per fare una trattativa seria con la banca su questo argomento devi andare in causa, il che significa ulteriori spese extra e almeno 2 anni di tempo per ricevere una risposta definitiva.
Dopo 2 anni il giudice sentenzia: "la perizia non contiene elementi sufficienti per accogliere la richiesta di rimborso".

    Tradotto: una marea di soldi spesi tra perizia e avvocato e un sacco di tempo passato a farsi il fegato amaro per arrivare alla conclusione che 'la banca ha ragione e tu hai torto'.
E magari con la ciliegina sulla torta: 'siccome l'hai portata in causa senza una ragione fondata, ora alla controparte paghi pure le spese'.
E magari ci aggiungiamo una seconda ciliegina, quella amara, del tipo: 'ora che è ufficiale che non avevi il diritto di pretendere un rimborso dalla banca, adesso ti chiede il rientro dai fidi, con gli interessi, nel giro di qualche settimana'.

    E aggiungiamoci pure la terza ciliegina: 'visto che hai sollevato un polverone per niente vieni anche condannato a sborsare qualche decina di migliaia di euro per lite temeraria'.

Se questo scenario ti sembra fantascienza siediti e prendi un bel respiro perché ti sto per dare una brutta notizia: purtroppo ci sono fin troppi imprenditori che si sono affidati ad aziende che volevano vender loro delle perizie anziché aiutarli a risolvere i loro problemi.

Tante illusioni, tanti soldi e un paio d'anni svaniti nel nulla: giusto il tempo di andare in causa supportati dall'azienda sbagliata. Pensaci bene, sei davvero disposto a subire tutto questo per colpa di una chiacchiera da bar?

Bisogna essere realisti: non si può credere ad ogni cosa che si sente in giro oppure seguire le mode del momento.

Tanto più che la banca è un'azienda come un'altra, ha dei progetti e degli obiettivi da rispettare, è soggetta alla logica degli attivi e dei passivi e deve fare i conti con le entrate e le uscite. Se tu imprenditore non paghi gli interessi trimestrali perché sei alla canna del gas, la banca riceve un insoluto e tu vieni marchiato come cattivo pagatore.

Se poi salti anche la rata del mutuo perché questo mese hai l'acqua alla gola, sappi che stai facendo un gran torto alla banca e non ti stai comportando tanto diversamente da quel tuo cliente che chiami ogni settimana per ricordargli che sono 4 mesi che ti deve saldare la fattura.

Se avete firmato un contratto, così come è giusto che il tuo cliente ti paghi per tempo, così è giusto che tu sia regolare con la banca. Senza contare il fatto che se sei in ritardo con le scadenze o utilizzi gli affidamenti più quanto hai pattuito, ti verranno giustamente addebitate delle commissioni e penali molto salate, come da contratto.

Diciamoci la verità, se ti hanno prestato dei soldi li devi poi restituire con degli interessi equi.

Se INVECE riesci a certificare che gli interessi NON sono equi e gli accordi del contratto non vengono rispettati, davanti a te si aprono prospettive davvero positive e concrete.

Sempre che non cadi nel tranello delle aziende che vogliono SOLO venderti delle perizie anziché garantirti un approccio specialistico.

QUANDO LA BANCA ERA UN'AMICA

Quando l'economia girava, gli imprenditori avevano molte più possibilità di adesso di creare lavoro e ricchezza.
I clienti avevano soldi in tasca da spendere e compravano molto.
In questa situazione di abbondanza le banche concedevano facilmente prestiti, sicure del fatto che le aziende, essendo solide, avrebbero restituito tutto fino all'ultimo centesimo, interessi compresi.

Più prestiti concedevano, più interessi incassavano: c'era ricchezza per tutti.
Chi gestiva un'impresa, aveva la possibilità di ingrandirsi oppure di differenziare i propri affari, potendo facilmente accedere a quei finanziamenti che non esitava a chiedere.

In cuor suo l'imprenditore sapeva che avrebbe dovuto cedere una bella fetta di guadagno sotto forma di interessi e sospettava pure che la banca calcasse un po' la mano, ma non avrebbe mai protestato per paura di interrompere quel flusso di ricchezza che tanto piaceva a tutti.

Il ragionamento di base era: "si, forse la banca mi sta spremendo chiedendomi interessi più alti del dovuto ma chi se ne frega, se serve a farmi continuare a guadagnare bene, che se li prenda pure, chiuderò un occhio!"

CHI CONTROLLA LA BANCA?

Ai tempi d'oro degli imprenditori, quando c'era abbondanza per tutti, a nessuno veniva in mente di fare un controllo per vedere se la banca aveva applicato tassi troppo alti.
Chi mai avrebbe portato in causa la fonte della propria ricchezza? Quasi nessuno.
Eppure già 10 anni fa c'era chi si occupava di diritto bancario.

A quei tempi era un settore specialistico che serviva poche persone ed era molto costoso.

D'altra parte le aziende che fallivano erano pochissime e anche quelle in difficoltà si contavano sulle dita di una mano, quindi non si ricorreva così spesso ai controlli sui conti correnti.
qualcuno lo faceva, ma era un'eccezione di cui si sentiva poco parlare.

Quelli a cui gli affari andavano a gonfie vele non veniva neanche in mente di analizzare i propri rapporti bancari in cerca di qualche magagna fatta dalla banca, per avere un pretesto per chiederle un rimborso.

E siccome la banca era l'alleato numero uno, quello che ti dava il finanziamento con cui iniziavi a costruire la tua ricchezza, se anche fiutavi qualche magagna o ti veniva in mente di analizzare i conti correnti, lasciavi stare e chiudevi un occhio.

Magari a quelli a cui gli affari non andavano così bene, l'idea di fare analizzare i conti era passata per la testa, ma poi non avevano preso nessuna iniziativa.

In quel periodo i rapporti erano ancora umani e basati sulla fiducia, il direttore di filiale non era un esattore spietato ma un vero e proprio consulente che conosceva a memoria la tua situazione lavorativa.
Per raggiungere degli accordi bastava quasi solo una stretta di mano: il direttore non sospettava che tu fossi un cattivo pagatore e tu non sospettavi che la banca facesse anatocismo (scommetto che non sapevi neanche cos'era!!).

Finché i rapporti erano così forti e sani, perfino tra gli imprenditori in difficoltà erano in pochi quelli che facevano analisi per verificare che la banca non calcasse troppo la mano con i tassi su conti corretti, mutui o leasing.
Altri tempi...

CHI NON CONTROLLA LA BANCA?

Un tempo faceva scalpore l'azienda che falliva, oggi fa notizia l'azienda che NON fallisce!

Il mondo si è capovolto rispetto a qualche anno fa e così quello che prima sembrava un'eccezione oggi è diventata la regola. Infatti oggi sembra che i controlli bancari li vogliano fare tutti, anche quelli che fino a pochi anni fa non sapevano neanche cosa fossero.

Le aziende che falliscono fanno i controlli sperando di avere diritto a un qualche rimborso dalla banca.

Le aziende che ancora resistono fanno controlli per capire se stanno fallendo a causa delle banche.

Il diritto bancario, cioè quel settore che riguarda le azioni legali fatte per riequilibrare il rapporto con le banche, è diventato argomento comune, di dominio pubblico.

Non solo ne senti parlare per strada o al bar, ma persino in televisione e sui giornali.

Termini come 'anatocismo', che se li senti la prima volta ti sembrano parolacce, ormai li masticano tutti perché se ne parlare sui quotidiani o nei programmi tv in prima serata.

Dal 2013 in poi c'è stata una diffusione di informazioni sul diritto bancario talmente massiccia che si sono create improvvisamente scuole di pensiero e frange estreme 'contro le banche'.

Quell'istituto che prima era l'alleato principale dell'imprenditore e che gli ha permesso di prosperare, improvvisamente è diventato il demonio e la causa di tutti i mali.

Ormai è fin troppo facile sentire imprenditori che parlano delle banche con cui lavorano, in questi termini: "l'ho sempre saputo che c'era qualcosa che non andava", "mi tocca lavorare per mantenere la banca", "delinquenti!!".

Insomma, come spesso succede, in Italia basta rendere di dominio pubblico un argomento ed ecco che TUTTI ne
diventano esperti il giorno dopo.

Mi spiego meglio: fare circolare informazioni sul diritto bancario è un'ottima iniziativa a livello di prevenzione e protezione. Ma l'altro lato della medaglia è che centinaia di imprenditori, vuoi perché hanno un carattere altamente infiammabile, vuoi perché disperati dopo anni di recessione, prendono per buone tutte le notizie che sentono in televisione e decidono di fare causa alla banca, usandola come capro espiatorio e causa di tutte le loro difficoltà.

Attenzione però a non finire da un estremo all'altro!
È vero che le banche spesso usano terminologie e modalità poco chiare o calcano la mano con gli interessi che ti fanno pagare, ma è altrettanto vero che se fai causa affidandoti ad aziende o centrostudi che non siano specializzati e di esperienza, andrai sicuramente incontro a dei guai grossi.

Senza una perizia più che valida e matematicamente inoppugnabile e senza l'esperienza di un avvocato d'esperienza specializzato in diritto bancario, le tue probabilità di recuperare soldi dalla tua banca sono ridotte quasi a zero.

IL BUSINESS DELLE PERIZIE

La crisi ha messo in ginocchio un grandissimo numero di imprese.
Che sia colpa dei clienti che non pagano, oppure del mercato asfittico, quasi tutte le aziende non sanno da che parte girarsi per ripianare i debiti che hanno con le banche.

Da nord a sud, da est a ovest, gli imprenditori sono un po' tutti sulla stessa barca e non aspettano altro che qualcuno proponga loro la soluzione ai loro problemi.
Come in ogni mercato che si rispetti, laddove c'è una forte domanda c'è anche una grande opportunità di GUADAGNO per chi propone un'offerta.

Vendere la soluzione ai problemi bancari degli imprenditori oggi in Italia è un po' come vendere bottiglie di acqua fresca in mezzo al deserto.
Il problema fondamentale è che c'è una differenza enorme tra 'VENDERE la promessa di risolvere il problema' e

'RISOLVERE il problema'.

Il diritto bancario è una materia complessa e delicata che solo degli specialisti d'esperienza possono gestire.
Non basta un ragioniere qualsiasi per fare una perizia su un conto corrente e non basta un avvocato di paese per fare causa alla banca.
Per avere successo in questo settore ci vogliono un esperto di matematica finanziaria ed un avvocato specializzato in diritto bancario.
Forse con un po' di ingegno e molta fatica puoi portare un bancale di bottiglie d'acqua fresca nel deserto e venderle, ma di sicuro è impossibile che dall'oggi al domani riesci a trovare abbastanza specialisti con anni di esperienza in matematica e diritto per risolvere i problemi che centinaia e centinaia di
imprenditori hanno con le banche.

Lo sapevi che periti e avvocati non crescono sugli alberi?
Ce ne sono in giro pochissimi perché ci vogliono anni di studio e poi anni di esperienza per diventare lo specialista che ti può aiutare a risolvere i problemi che hai con la banca.

Eppure c'è chi ha pensato di inventarsi la scorciatoia.
Siccome ci sono migliaia di imprenditori disposti a pagare pur di far causa alla propria banca, sono sempre più numerose le aziende che si spacciano per 'esperte' del settore e propongono i loro servizi anche se non ne hanno le competenze.

Basta cercare in internet per accorgersi di quanti centrostudi, aziende, società, singoli avvocati, singoli commercialisti,
associazioni (e chi più ne ha più ne metta) si autodefiniscano specialisti e ti propongano di analizzare i tuoi conti correnti.

Dal 2013 in poi ne puoi trovare a decine se non centinaia: spuntano come i funghi.
Per non parlare poi di quelli che fino al giorno prima operavano nell'immobiliare o si occupavano di altri settori che ora 'tirano' meno del diritto bancario.

Tutta questa massa di persone con le idee poco chiare ma con

molto pelo sullo stomaco si è messa in gioco con il solo scopo di aggrapparsi a un treno in corsa ed infilarsi in un business che non è il loro, ma con cui possono guadagnare più di quanto non guadagnassero prima.
Si tratta di persone che non sono né specializzate né organizzate abbastanza da farti dormire sonni tranquilli quando ti portano in causa con la banca per recuperare dei soldi.

Non sono certo periti o avvocati specializzati in diritto bancario con esperienza pluriennale: i professionisti veri sono pochi in Italia e non possono certo essere diventati migliaia nel giro di 2 anni! Ma anche se (per assurdo!!) fossero davvero comparsi magicamente a migliaia, non avrebbero comunque accumulato l'esperienza necessaria per definirsi specialisti e poterti davvero aiutare a risolvere i tuoi problemi.

Sono soltanto persone che fanno leva sul tuo disagio per venderti delle perizie, sfruttando le difficoltà che hai con le tue banche per convincerti ad intraprendere un'azione legale che a loro farà guadagnare tanti soldi ma che a te farà perdere la causa contro la banca.

L'obiettivo di queste aziende è soltanto vendere perizie anziché esserti utile a risolvere i tuoi problemi, ecco perché io le chiamo aziende del 'Business delle Perizie'.
Questo business consiste nel vendere più perizie possibile, piazzandole a chiunque come fossero sacchi di patate.

Che poi queste perizie siano fatte bene o male, siano utili a risolvere i tuoi guai oppure no, è un obiettivo secondario:
l'importante è vendertele!

DIRITTO BANCARIO O MALATTIA CONTAGIOSA?

La legge della domanda e dell'offerta è quella più semplice ma anche quella più veritiera, quella che funziona meglio.

Che si parli di un servizio o di un prodotto, quando tantissime persone sono disposte a comprare 'qualcosa' di cui hanno bisogno, si crea lo spazio per chi questo 'qualcosa' lo può offrire e vendere.

Ti faccio un esempio semplicissimo per chiarirti bene questo concetto.

Hai mai notato, girando per la città o in metropolitana, che appena inizia a piovere sbucano improvvisamente da ogni angolo 'vucumprà' e venditori ambulanti muniti di ogni tipo di ombrello?

Non so se 'sentono' il tempo o hanno gli aggiornamenti meteo in tempo reale, fatto sta che hanno capito perfettamente la prima legge del mercato e la sfruttano benissimo per fare dei soldi: forniscono l'offerta alla tua domanda nel momento del bisogno. Tu sei di fretta, ben vestito per quell'appuntamento importante in cui devi presentarti impeccabile e non puoi certo arrivare bagnato fradicio e spettinato.

Sei uscito di casa col sole, chi avrebbe mai immaginato che avrebbe iniziato a piovere??

Ormai la frittata è fatta: non puoi tornare a casa se no arrivi tardi all'appuntamento cruciale ma non puoi nemmeno camminare sotto la pioggia per non inzupparti.

Mentre imprechi e ti disperi cercando una soluzione, ecco che davanti ai tuoi occhi compare la persona giusta al momento giusto: un 'vucumprà' che ti porge un ombrello.

Tu lo guardi stupito e pensi: "un ombrello! Proprio quello che serve a me!!" Ti girano le scatole a dover comprare un ombrello perché ne hai già 10 a casa ma in quella situazione non hai altra scelta: tiri fuori i tuoi 5 euro e lo acquisti.

Cosa c'è di più efficace del vendere un ombrello a chi ne ha bisogno, proprio nel momento in cui ha cominciato a piovere?

Le aziende del Business delle Perizie hanno fatto proprio questo, cioè nel periodo storico in cui migliaia di imprenditori si trovano ad avere difficoltà con le banche, vendono delle perizie di scarsa qualità con la promessa di risolvere i loro problemi bancari.

Queste aziende del Business delle Perizie sono i 'vucumprà' del diritto bancario, che per fare business ti vendono l'ombrello quando piove.

E proprio come i 'vucumprà' ti vendono degli ombrellini di plastica che ti si rompono in mano la prima volta che li apri, così le aziende del Business delle Perizie ti appioppano perizie di bassa qualità che non ti faranno recuperare i tuoi soldi quando le userai per fare causa alla banca.
Il loro obiettivo infatti non è seguirti in maniera personalizzata, offrendoti una soluzione fatta su misura per te, facendoti seguire dai migliori specialisti della materia, ma è sfornare e vendere più perizie possibile a chiunque per aumentare il fatturato.

Sono talmente tante le aziende in difficoltà con le banche che il business delle perizie è cresciuto a dismisura nel giro di 4 anni e prospera tuttora.
Avvocati, commercialisti, centrostudi, società, associazioni, siti internet, aziende di tutti i tipi hanno deciso di cimentarsi nel diritto bancario, nessuno escluso, dappertutto.

Una vera e propria epidemia che ha colpito tutti!
Avvocati in crisi perché i clienti non pagano la parcella... Ma dai, parliamoci chiaro, non puoi passare da un divorzio a una causa contro la banca! Ci vogliono competenze specifiche, acquisite in anni di studio ed esperienza sul campo.
Commercialisti in crisi perché i clienti non pagano la parcella... Ma siamo seri, non puoi passare da un F24 a un atto di citazione!

Bisogna avere la forza economica, le competenze e l'esperienza di anni per attrezzare uno studio di commercialisti in modo da poter seguire i clienti su questioni di diritto bancario.
L'avvocato di paese che unisce le forze con il commercialista del quartiere per mettere in piedi l'ennesima azienda del Business delle Perizie ed improvvisarsi 'esperto in materia', pronto a sfornare perizie di bassa lega utilizzate in azioni legali improvvisate alla buona.
Cosa non si farebbe per mangiare?
Ma che fine hanno fatto la specializzazione, l'esperienza, la

responsabilità di offrire al cliente un servizio collaudato ed efficace che gli possa essere utile a risolvere i suoi problemi?

NON È UNA COSA PER TUTTI

L'epidemia nasce nel 2011 ed ha il suo culmine nel 2013. Nel mercato, in questo periodo, si crea la DOMANDA: tanto più gli imprenditori hanno problemi con le banche, tanto più vanno in cerca di un aiuto per risolvere i loro guai.
Ed ecco che di conseguenza viene creata l'OFFERTA: i più scaltri hanno capito che ogni azienda in crisi con la banca rappresenta una fonte di guadagno se si riesce a vendergli qualche perizia.
Sì, hai capito bene: ogni azienda in crisi rappresenta una probabile fonte di guadagno!
Lo so che basta leggere i quotidiani o guardare i tg per sentirsi ripetere tutti i giorni che 'c'è crisi'.
Lo so che trovare un'azienda che ultimamente è in difficoltà economica o è arrabbiata con le banche è fin troppo facile.
Quello che in pochi sanno è che si può trasformare la disperazione di un imprenditore in una fonte di guadagno.
Come?
Semplicissimo: producendo perizie e facendo causa alle banche!
Non importa se non ci sono i presupposti tecnico-matematici per fare una perizia, non importa se l'avvocato non ha né la specializzazione né le argomentazioni sufficienti per gestire una causa del genere.
L'importante è VENDERE.

LA CRISI NERA DI AVVOCATI E COMMERCIALISTI

Ci sono un sacco di avvocati e commercialisti che non guadagnano più come un tempo perché i loro clienti, essendo in difficoltà economica, non sono in grado di pagare la parcella.
Questi avvocati e commercialisti hanno trovato il modo di aumentare i loro fatturati gettandosi nella mischia del Business delle Perizie e cioè proponendo ai propri clienti di andare in causa con la banca.

Alcuni di loro semplicemente affidano i propri clienti alle aziende del business delle perizie guadagnando un qualche tipo di provvigione per ogni cliente che segnalano.
Tecnicamente può trattarsi di una consulenza o una segnalazione, ma in buona sostanza guadagnano se portano clienti.
Ti faccio un esempio: l'avvocato Pinco ha un cliente, il Sig. Rossi, che è titolare di un'azienda di piastrelle.

L'avvocato Pinco sa che l'edilizia è in difficoltà economica quindi molto probabilmente il Sig. Rossi è nei guai con le banche. Così lo convoca in ufficio e gli dice: "Sig. Rossi ho buone notizie: probabilmente la banca le deve restituire dei soldi.
Per scoprirlo dobbiamo analizzare i suoi conti correnti e, se scopriamo che le hanno applicato interessi troppo pesanti, facciamo causa chiedendo un rimborso.

Le piacerebbe tenere a freno la banca e farsi rimborsare dei soldi? Procediamo?"

Il Sig. Rossi non ha capito bene i dettagli tecnici ma ha ben intuito che c'è da guadagnarci.
E poi diciamoci la verità: il tuo avvocato è come il dottore, se ti dice di fare qualcosa ti fidi e la fai.
Siccome lo studio dell'avvocato Pinco non è attrezzato né per produrre delle perizie per seguire delle cause in materia di diritto bancario, il cliente Rossi verrà affidato ad una struttura esterna, cioè un'azienda del business delle perizie.

L'avvocato Pinco riceverà dall'azienda del business delle perizie un compenso per aver segnalato il cliente Rossi.
In questo modo, senza neanche tanto sforzo (tanto sia la perizia sia la causa la fa qualcun altro e non lui) ha guadagnato una bella cifra per la segnalazione ed è stato pure facile perché si sa che l'avvocato gode della massima fiducia del cliente.

Siccome l'appetito vien mangiando si può ripetere la stessa operazione con tutti i clienti simili al signor Rossi.
L'avvocato proporrà a TUTTI i suoi clienti di fare causa alla banca e ogni volta che qualcuno accetterà verrà dato in pasto ad un'azienda del business delle perizie che, in cambio, pagherà la segnalazione.

Lo stesso discorso vale per i commercialisti, che sono quotidianamente a contatto con aziende in difficoltà con le
banche.
Questa moderna forma di baratto prevede che commercialisti e avvocati (o professionisti simili) mandino i propri clienti tra le braccia delle aziende del business delle perizie, ricevendo in cambio un compenso per la segnalazione.

L'APPETITO DIVENTA INGORDIGIA

Il nostro fantomatico (ma neanche troppo fantomatico) avvocato Pinco, a furia di mandare clienti in causa con la banca comincia a capire in maniera approfondita il funzionamento del sistema, così si domanda: "è vero che quando segnalo un mio cliente ricevo un compenso, ma il grosso del guadagno se lo tiene l'azienda del business delle perizie.
Se il cliente lo portassi io personalmente in causa con la banca terrei il guadagno tutto per me.

Fino ad ora mi sono occupato di divorzi e liti condominiali, vorrà dire che d'ora in poi mi improvviserò esperto in diritto bancario: che ci vuole??".
A questo punto basta trovare qualcuno che si intenda di numeri e

quindi possa fare delle perizie.
Guarda caso l'avvocato Pinco conosce proprio un commercialista, il dott. Pallino, che ultimamente è un po' in crisi e al quale non farebbe schifo mettere in piedi un business facile facile e molto redditizio che gli permetterebbe di sfruttare semplicemente i clienti che già ha.

Ora è tutto pronto, non manca nulla: le perizie le fa il commercialista dott. Pallino e la causa la fa l'avvocato Pinco. Non c'è più bisogno di portare i clienti a una struttura esterna in cambio di qualche spicciolo, l'azienda del Business delle Perizie l'hanno CREATA loro: la Pinco Pallino srl è ora pronta a sfornare perizie e far causa alle banche trattenendosi tutto il guadagno per sé!

VUOI GIOCARE AL LOTTO O VINCERE LA CAUSA?

Di tanto in tanto esce sul giornale la notizia che "la Banca è stata condannata a restituire TOT mila euro all'imprenditore". Chi l'avrebbe mai pensato che si potesse obbligare la banca a restituirti del denaro?
Sono cose che fanno scalpore, notizie che lasciano il segno e che ti ricordi a lungo.
In realtà non dovrebbe essere così, anzi il fatto che facciano così scalpore non è un buon segno e ti spiego perché.

Lo sapevi che negli ultimi 4 anni in Italia sono state vendute alcune DECINE DI MIGLIAIA di perizie?
Ripeto: non 5, non 100 e neanche 1000, ma DECINE E DECINE DI MIGLIAIA!!

Vuol dire che migliaia e migliaia di imprenditori hanno fatto causa alla banca chiedendo un rimborso.
Le perizie in circolazione sono così tante che OGNI GIORNO dovresti ricevere una pioggia di notizie tipo "banca restituisce soldi all'imprenditore" provenienti da quotidiani, tg, radio, ecc
I casi di rimborso e le notizie di banche condannate a risarcire

dovrebbero essere così tante da diventare un'abitudine!

E invece il fatto stesso che queste notizie facciano ancora COSÌ TANTO scalpore significa che qualcosa non va e che la banca non è così facile da battere sul campo.

Il motivo c'è ed è semplice da spiegare: per vincere la causa devi avere una perizia basata su dati matematici oggettivi e farla usare da un legale d'esperienza che conosca le recenti sentenze e sappia interpretare le scuole di pensiero dei diversi tribunali.

In altre parole devi poter contare su un perito e un avvocato specializzati in diritto bancario.

Se la perizia te l'ha fatta il commercialista Pallino e poi viene usata dall'avvocato Pinco, stai sicuro che la causa NON la vinci!

A meno che...

A meno che la fortuna non sia dalla tua parte.

SE TU FOSSI GRAVEMENTE MALATO VORRESTI FARTI CURARE DALLO SPECIALISTA O DA UNO STREGONE SALTATO FUORI DALLA FORESTA?

Ci sono in giro persone mosse da buona fede che non hanno intenzione di raggirarti quando cercano di aiutarti con il tuo problema bancario.

Sto parlando di imprenditori, ex imprenditori, ex professionisti che magari proprio perché sono caduti in prima persona nella trappola del business delle perizie ora hanno l'hobby di dare consigli e un aiuto agli imprenditori in crisi con la banca.

Si tratta spesso di associazioni, movimenti o singoli personaggi che sono in buona fede e magari hanno anche ottenuto risultati positivi ma lo fanno come secondo o terzo o quarto lavoro, se non per puro divertimento personale.

Proprio perché questa non è la loro attività principale affideranno la

parte tecnica del lavoro a personaggi esterni che, per quanto bravi possano essere, non saranno mai degli specialisti.
Sappi che chi affida le tue analisi o perizie a un commercialista NON ti sta garantendo appieno, anzi se ne sta fregando
altamente.
Sappi anche che se la tua pratica la gestisce un avvocato esterno, difficilmente si tratta di un avvocato specializzato in diritto bancario con esperienza pluriennale.
Se l'ufficio di un imprenditore viene usato sia per gestire la sua azienda, sia per coltivare l'hobby di risolvere il problema più delicato della tua vita, non ti garantisce la sicurezza di essere nel posto giusto per trattare il tuo caso perché viene meno il concetto di SPECIALIZZAZIONE.
Sai cosa si dice, vero? Se fai 3 cose insieme rischi di non farne bene neanche una!
Se invece metti tutte le tue energie nel fare SOLO una cosa alla volta, il risultato sarà ottimo.
Ecco svelato il motivo per cui alcuni volenterosi movimenti o associazioni hanno i costi bassi: perché NON hanno costi! Cioè NON CAMPANO DI DIRITTO BANCARIO come la mia azienda, ma lo fanno semplicemente per hobby!
Mi spiego meglio con un esempio molto semplice: se scopri improvvisamente di avere un gravissimo problema al cuore cosa fai?
- organizzi in fretta e furia un pellegrinaggio a Lourdes?
- chiami lo specialista cardiologo più bravo in circolazione?
In altre parole, fai un tentativo 'sperando' che sia la scelta giusta oppure ti affidi a chi per lavoro risolve solo ed unicamente i problemi come il tuo?
La mia azienda ha scelto di occuparsi solo ed esclusivamente di questo settore: a te la scelta di trasformare la tua trattativa con la banca in un pellegrinaggio oppure in un percorso fatto insieme all'unica struttura specializzata in diritto bancario in Italia.

IL GIUDICE NON È UN ROBOT

Alla fine di un'azione legale è sempre il giudice che decide. Siccome anche il giudice è una persona e non un robot, le sue decisioni sono influenzate dall'interpretazione della legge, del caso specifico che si sta valutando, dalle sentenze recenti, ecc ecc...

Cioè esistono varie circostanze che possono portare CASUALMENTE a vincere una causa che il 99% dei giudici non avrebbe neanche preso in considerazione.

È come giocare al Lotto: "so che è praticamente IMPOSSIBILE azzeccare il terno su Bari con questi 3 numeri ma, SE LA FORTUNA È DALLA MIA PARTE, posso vincere".

Insomma sono 2 le vie che puoi percorrere per vincere una causa contro la banca:

1) affidarti a degli specialisti esperti in diritto bancario, tecnicamente all'altezza di seguire la tua pratica personale, preparando una strategia che il 99% dei giudici terrebbe in considerazione.

Oppure

2) affidarti alla Pinco Pallino srl o a un'altra delle aziende del Business delle Perizie, che pur di guadagnare due soldi ti riempie la testa con promesse fantastiche ma in realtà irrealizzabili, e ti manda in guerra disarmato e senza speranze di sopravvivere.

Se scegli la 2), cioè di affidarti al Business delle Perizie, sappi che la tua UNICA chance di vittoria è il CASO, sperando che la FORTUNA sia dalla tua parte.

Ma se devi vincere la causa, preferisci che dalla tua parte ci sia la fortuna oppure ci siano dei professionisti specializzati che ti possano essere utili a risolvere il tuo problema?

La Pinco Pallino srl, come tutte le altre aziende del Business delle Perizie, qualche causa può anche vincerla, ma sarebbe SOLO un CASO.

Ecco perché tra decine di migliaia di perizie sono pochissime quelle andate a buon fine.

LE INFORMAZIONI CHE TI SALVERANNO LA VITA

Certe organizzazioni (comprese le banche) campano sulla tua mancanza di informazione.
Ci hai mai fatto caso che quando hai bisogno di un prestito la banca ti mette sotto il naso una montagna di fogli e ti impone: "se hai bisogno del prestito firma questi fogli"?
Probabilmente ti è anche passata per la testa l'idea che sarebbe meglio leggere bene tutto il contratto e magari soffermarsi proprio sulle clausole scritte più in piccolo, ma poi ti rendi conto che:
1) non ci capiresti dentro niente.
2) la tua priorità è avere quel prestito e anche alla svelta.
Parliamoci chiaro, tu imprenditore non sei obbligato a conoscere le leggi che governano il mondo bancario e non sei neanche obbligato ad essere un esperto di contabilità.
Tu Imprenditore sei già sufficientemente impegnato a mandare avanti un'azienda in tempi di economia contratta, non hai certo né la voglia né il tempo di andarti a cercare un corso serale che ti permetta di districarti tra termini come Spread, mark to market e cms.
Lo sai benissimo che è già una fortuna che te lo concedono quel benedetto prestito.
Lo sai benissimo che non potrai mai star lì a discutere di terminologie e condizioni contrattuali incomprensibili.
Ma soprattutto sai benissimo che tu hai una priorità grossa come una casa: ti serve il prestito per far andare avanti l'azienda e quindi ti fidi della banca e firmi tutto quello che ti danno da firmare.
Al momento di firmare si possono distinguere due categorie di imprenditore:
- IL DURO, quello che firma col sorriso ma dentro di sé e pensa "so benissimo che mi stai fregando ma firmo lo stesso perché ho bisogno di questo prestito... me la pagherai!"
- quello dal CUORE TENERO, che mentre firma pensa: "ho

come l'impressione che ci sia qualcosa che non va in questo contratto... ma figuriamoci se la banca mi sta fregando... sono andato a prendere il caffè con il direttore proprio l'altro giorno!

Vuol dire che abbiamo un rapporto speciale e che ha un occhio di riguardo per me e per la mia azienda".

Sia che tu appartenga alla categoria uno o alla due, sappi che caschi male lo stesso: la banca farà solo ed esclusivamente i SUOI interessi e tu dovrai sottostare.

La banca è un'organizzazione molto potente: usa terminologie così complesse, basate su regolamentazioni così contorte, che difendersi da lei diventa un'impresa ardua.

Ti faccio un esempio: ti è mai capitato di ricevere una lettera tipo 'variazione unilaterale delle condizioni di contratto'?

Se l'hai ricevuta vuol dire che probabilmente hanno deciso PER TE qualcosa senza il tuo consenso.

Probabilmente ti è passata tra le mani ed hai pensato: "cosa è questa comunicazione scritta in arabo in cui non si capisce niente?!" e l'hai buttata via.

La banca ha gioco facile nell'influenzare le tue decisioni a suo favore, riesce facilmente a farti fare quello che LEI vuole che tu faccia, semplicemente perché RISPETTO A TE ha una quantità enorme di informazioni e conosce perfettamente una materia estremamente complessa.

La stessa cosa succede per le aziende del business delle perizie: riescono a VENDERTI una sonora FREGATURA facendoti credere che sia la cosa più bella del mondo, semplicemente perché tu non hai le necessarie competenze per poter controbattere.

L'unica arma che hai a tua disposizione per difenderti è conoscere chi hai davanti.

HAI PAURA DELLA BANCA? ALLORA SEI UNA RAZZA IN VIA D'ESTINZIONE

L'aria è veramente cambiata, è finito il tempo dello 'strapotere' delle banche viste come istituzioni che possono fare qualsiasi cosa liberamente e giocare sporco con te senza mai essere punite.
Oggi circolano veramente tante informazioni, la gente è più consapevole di ciò che accade e tiene gli occhi aperti quando entra in filiale. Fino a qualche anno fa l'imprenditore che andava ad elemosinare un prestito in banca era pronto a firmare qualsiasi carta pur di ottenere il finanziamento perché ne aveva disperatamente bisogno. È proprio sfruttando il suo bisogno che la banca poteva approfittarsene facendo firmare qualsiasi cosa all'imprenditore, anche quella più svantaggiosa per lui: era una sorta di furto consenziente...
Se anche l'imprenditore avesse voluto leggere i contratti e le condizioni prima di firmare, non c'avrebbe capito niente perché la banca usa un linguaggio contorto e difficile da interpretare, nascondendo dietro paroloni e formule strane la fregatura che ti sta per appioppare. È per via di questa sensazione di impotenza che la banca dava la percezione di essere un gigante inespugnabile che ti può schiacciare in qualsiasi momento.

Oggi la situazione è cambiata, il gigante non fa più così paura e infatti ormai sono veramente tanti gli imprenditori che hanno ottenuto un rimborso dalla banca.
Altri sono riusciti a diminuire di molto il debito che avevano accumulato a causa di fidi e prestiti; altri ancora hanno risolto situazioni di emergenza opponendo decreti ingiuntivi, precetti e altro ancora. Fare causa alla banca si può, non è fantascienza, basta fare POCHE cose ma GIUSTE. Si deve iniziare con un Controllo Completo sul tuo rapporto bancario per scovare con certezza matematica tutte le irregolarità e poi quantificare la cifra che la banca ti deve ridare indietro.

Se il Controllo Completo ti dà l'ok corri in cantina e stappa la tua bottiglia migliore perché vuol dire che ti trovi davanti a una meravigliosa opportunità: per una volta nella vita ce l'hai tu il coltello dalla parte del manico e sei tu che fai paura alla banca. Dopodiché devi certificare con una perizia ufficiale che la banca ha commesso quelle irregolarità nell'applicazione dei tassi pattuiti per poi affidarla ad un avvocato specializzato che la userà per andare in trattativa.

Ormai sono veramente tanti gli imprenditori che si sono tolti la soddisfazione di farsi ridare un bel gruzzolo da quella banca che per anni li ha spennati senza pietà. Si tratta di imprenditori qualsiasi, ristoratori, edili, trasportatori, persone normali. Se l'hanno fatto loro lo puoi fare anche tu!

PURTROPPO CI SONO BRUTTISSIME NOTIZIE ALL'ORIZZONTE

La banca è un avversario tosto, preparato a contrattaccare senza paura. Se decidi di sfidare la banca devi essere sicuro al 100% di avere le armi giuste. Il minimo passo falso ti rovinerà la vita, quindi devi sapere esattamente COSA fare e CON CHI farlo per evitare il rischio di uscire dal confronto con la banca con le ossa rotte e con la prospettiva drammatica di un futuro nero e sempre più pieno di debiti. Prima di tutto devi fare un Controllo
Completo sul tuo rapporto bancario per essere certo di trovarci degli illeciti e quantificare la cifra da richiedere indietro come rimborso.

Occhio a non sbagliare questa fase perché è la più importante di tutte: se il Controllo Completo dice che non c'è nulla da recuperare mettiti il cuore in pace perché non ci potrai fare proprio niente. Se invece il Controllo Completo dà l'ok hai bisogno di una perizia e di un avvocato. Al giorno d'oggi trovare qualcuno che ti faccia una perizia è facilissimo, il problema è che praticamente tutti questi personaggi sono dei ciarlatani senza la minima competenza tecnica. Guarda che se ti presenti dal giudice con una perizietta sgangherata la paghi cara e salata!

Non puoi neanche immaginare quanti imprenditori sono stati condannati a pagare decine di migliaia di euro per lite temeraria perché hanno dato in mano al giudice una perizia di qualità pessima. Oltre al perito ti serve anche un avvocato che sappia realmente il fatto suo: il problema drammatico è che in Italia c'è pieno di avvocati ciarlatani che si spacciano per esperti pur di spillarti dei soldi, ma di legali specializzati in diritto bancario ce ne sono DAVVERO POCHISSIMI.

Di professionisti in grado di farti vincere la battaglia con la banca ce ne sono in giro pochi e se non ingaggi proprio quelli lì, la banca ti schiaccerà malamente e dovrai prepararti a 1000 notti insonni piene di incubi e rimorsi: indietro non si torna!

HAI SOLO UNA POSSIBILITÀ SU 1000 DI SALVARTI LA PELLE

Hai notato che internet è pieno di loschi personaggi che si spacciano per esperti solo per farti credere che risolveranno il tuo problema bancario ma in realtà vogliono solo scucirti i tuoi ultimi risparmi?

Dal 2012 ad oggi se ti avessero dato 1 euro per ogni ciarlatano che si è fatto pubblicità su internet promettendo di recuperare soldi dalle banche, oggi saresti ricco sfondato!
Gli specialisti che possono davvero risolvere i tuoi problemi sono RARI, ecco perché ho creato per te il blog
www.imprenditoresicuro.com, per aiutarti a distinguere gli amici dai nemici in questa pericolosissima giungla piena di farabutti inaffidabili.
Purtroppo oggigiorno vincere la battaglia contro la banca è come trovarsi nella savana armati di una pistola con un solo proiettile e vedersi correre incontro un enorme leone affamato: puoi salvarti la vita facilmente, semplicemente muovendo un dito, che ci vuole?

Ma hai solo UNA chance perché tornare indietro non si può. Nella trattativa con la banca succede lo stesso: puoi davvero vincere tu, ma devi affidarti allo specialista giusto in mezzo a centinaia di finti esperti, hai solo una chance per salvarti la pelle altrimenti sei FINITO. Auguri!

DEVI CAMBIARE APPROCCIO SE VUOI AVERE SUCCESSO

La maggior parte degli imprenditori ha sprecato un sacco di soldi e si sono ritrovati in una situazione peggiore di quella in cui erano con le banche per 2 ragioni: non avevano le informazioni giuste e sono pigri.

È per questo motivo che quando hanno deciso di fare causa alla banca hanno scelto di affidarsi a quelle aziende e centrostudi che si pubblicizzano su internet o in tv invece che cercare di meglio, oppure si sono fidati dei consigli degli amici inesperti.
Sul blog www.imprenditoresicuro.com troverai la guida gratuita che ho scritto per te: ti aiuterà a riconoscere chi ti vuole realmente aiutare da chi invece vuole solo svuotarti il portafogli.

Essere disinformati e pigri può diventare estremamente pericoloso, ecco perché c'è bisogno di un nuovo approccio: se vuoi lasciarti i tuoi problemi bancari alle spalle devi cercare attentamente un team di specialisti d'esperienza, imparando a scansare tutti quelli che si spacciano per esperti ma che esperti non sono.

Io ci ho messo 4 anni a capire cosa è fondamentale sapere per vincere con la banca e di chi bisogna diffidare. Non uscirai indenne se sbagli, non c'è una seconda chance.
Se non segui esattamente il percorso che ho scoperto io pagando per i pro e contro sulla mia pelle non hai via d'uscita.
Ti metto a disposizione l'esperienza che ho accumulato agendo di persona, facendo la gavetta e lavorando all'interno delle aziende che ti vogliono fregare, così che tu non dovrai perdere tempo o fare nessun test.

Per avere successo con la banca devi semplicemente avere un

approccio nuovo: affidarti agli specialisti. Non cercare di andare al ribasso sui prezzi quando devi comprare le armi che ti faranno vincere la battaglia con la banca.

Quando hai bisogno di un parere professionale non fidarti dei consigli degli amici, delle chiacchiere da bar, dei consulenti vecchio stile tipo il tuo avvocato o commercialista, perché nessuno di questi è uno specialista di
matematica finanziaria e diritto bancario.

BANCA VS IMPRENDITORE: CHI VINCE AL FISCHIO FINALE?

In questo delicato settore vince chi è davvero determinato a risolvere i propri problemi con la banca, senza ricorrere al ribasso dei prezzi, senza cercare il preventivo più basso rischiando di finire nelle mani dei 'cinesi' del diritto bancario.
Se sai come distinguere le fregature dalle buone strategie e ti rivolgi agli specialisti d'esperienza hai ottime chance di toglierti enormi soddisfazioni dalla trattativa con la banca.

Sei sicuramente destinato a perdere la partita con la banca se credi di saperne più degli specialisti, se hai la presunzione di conoscere le tecniche e le strategie necessarie per avere successo, solo perché ne hai sentito parlare al bar.
Per avere successo in questo delicato settore devi pretendere la massima qualità, ecco perché se ti fai ingolosire da preanalisi o estratti peritali gratuiti sei SPACCIATO.

Hai già perso in partenza se perdi tempo a cercare il preventivo più basso anziché la maggiore specializzazione. Non è tutto oro quello che luccica, perciò pensaci 10 volte prima di affidarti ad aziende che si pubblicizzano in tv o sui giornali perché spesso l'azienda più grande non è quella che ti toglierà realmente le castagne dal fuoco.

COME HO FATTO A CAPIRE LE COSE CHE È FONDAMENTALE SAPERE PER NON ESSERE FREGATI

Guarda me, che ho capito come essere utile all'imprenditore nel risolvere i suoi problemi con la banca solo dopo aver toccato il fondo.
Quando ho iniziato a fare questo lavoro io volevo soltanto aiutare le persone ma purtroppo facevo solo brutte figure a causa di aziende incompetenti, analisi pessime, avvocati non specializzati e uffici che seguono male il cliente. In tutto questo chi ci faceva brutta figura ero io perché lavoravo come commerciale e ci mettevo direttamente la faccia.

Chi glielo spiegava al cliente che era l'azienda che lavorava da cani mentre io volevo solo aiutare gli imprenditori? Pensa che alcuni clienti hanno ricevuto strabilianti promesse, hanno pagato profumatamente per un servizio scadente ed alla fine hanno pure perso la causa contro la banca!

Non volevo più essere coinvolto in queste nefandezze, non volevo più che succedesse, e questa è stata la scintilla da cui sono ripartito da zero per offrire le strategie e le tecniche vincenti che portano gli imprenditori a sbarazzarsi realmente una volta per tutte dei problemi con la banca!

CAPITOLO 2

ECCO PERCHE' ADESSO SONO IN GRADO DI AIUTARTI A RISOLVERE IL TUO PROBLEMA BANCARIO

MENO MALE CHE L'AZIENDA C'È

Già ai tempi della mia tesi di laurea avevo intuito la fondamentale importanza che le aziende hanno nella nostra società. Guardandomi in giro avevo anche intuito la drammatica difficoltà che stavano vivendo, visto il periodo nero dell'economia. Ero sempre più convinto che le aziende vanno incentivate ed aiutate perché sono fondamentali per il nostro tessuto economico e sociale.

Oltre all'infinito dibattito sulla tassazione e sul costo del lavoro, c'era un problema grande come una casa: la crisi, che stava cambiando gli scenari economici di quegli anni.
La crisi stava mettendo le imprese in ginocchio una dopo l'altra e, se si fermano loro, si ferma tutta l'economia e l'occupazione.

A me la famiglia, i parenti, gli insegnanti hanno sempre insegnato che lo schema da seguire è uno solo: dovevo studiare e dovevo studiare molto per ottenere dei bei voti, dovevo ottenere dei bei voti per ottenere un buon posto fisso, e se volevo far carriera l'unico metodo era ottenere un posto fisso MIGLIORE.
Ma questo magico 'posto fisso', questa entità astratta inculcata nell'immaginario collettivo esiste solo se ci sono le aziende che te lo possono dare. Ho dovuto capirlo da solo che il posto fisso non cresce sugli alberi ma che esiste fin tanto che ci sono imprese solide che te lo possono offrire.

Quando ero piccolo l'azienda che falliva era considerata una mosca bianca, una rarità; ora è considerata una mosca bianca l'impresa che NON fallisce. Niente aziende significa niente posto fisso, niente occupazione. Se non aiuti l'azienda si ferma l'economia.

Dietro ogni azienda ci sono gli imprenditori, persone che rischiano e che si prendono la responsabilità di portarsi un bel peso sulle spalle per creare ricchezza. E dietro ogni imprenditore ci sono i dipendenti con le loro famiglie: aiutare l'azienda significa aiutare le persone reali.

È per questo motivo che ho deciso di addentrarmi in questo mondo per essere utile alle aziende nel risolvere i loro problemi, a partire da quello più grave e drammatico, quello che fa la differenza tra un'azienda sana ed una che fallisce: la banca!

E ILLUMINAZIONE FU!

È proprio sulla base di tutte queste considerazioni che, quando sono venuto a sapere che era possibile analizzare l'operato delle banche per smascherare eventuali irregolarità ed ottenere dei rimborsi, mi sono letteralmente illuminato.

A quei tempi nessuno aveva sentito parlare di anomalie finanziarie e ti prendevano per matto se dicevi che la banca fa usura.

Non parliamo di come ti guardavano quando parlavi di anatocismo, questa strana parolaccia incomprensibile.

Nonostante la diffidenza che mi circondava io avevo intuito che le analisi sulle irregolarità bancarie sarebbe diventato un aiuto concreto per le aziende e addirittura una nuova opportunità lavorativa per chi lo proponeva (e c'avevo visto giusto, considerato quanto va di moda adesso!).

A quel punto ho iniziato a fare la gavetta collaborando con una delle maggiori aziende del settore.

Le aziende del settore erano innovative perché erano pochissime quelle che si occupavano di smascherare illeciti e chiedere rimborsi alle banche. Io mi affidavo al loro sapere perché si definivano degli esperti e perché nessuno aveva conoscenza ed argomenti sufficienti per contraddirli, trattandosi di una materia così nuova e all'avanguardia.

Non avevo le conoscenze tecniche per poterlo dimostrare ma avevo come la sensazione che le promesse che queste aziende facevano agli imprenditori superavano di gran lunga i risultati reali.

Tanto fumo e poco arrosto, tanto tempo speso a descrivere le banche come dei delinquenti ma pochi risultati concreti.

Il mio impegno ed entusiasmo genuino nel voler far conoscere la materia ed aiutare le imprese si scontrava con l'avidità di queste aziende che predicavano bene ma sotto sotto ingaggiavano tecnici incompetenti e riducevano a zero il supporto al cliente, solo per tenere basse le spese e far schizzare alle stelle i propri guadagni. Il problema è che la faccia ce la mettevo io, che andavo in giro personalmente a proporre il servizio, rappresentando queste aziende.

PERFINO CAMBIANDO ROTTA IL PANORAMA RIMANEVA LO STESSO

Allora mi sono avvicinato ad altre aziende, cercando più qualità tecnica e più umanità nel seguire il cliente ma non c'è stato niente da fare: c'era del marcio ovunque.

Oltretutto queste aziende spremevano i propri consulenti mandandoli in giro a spese proprie. I venditori infatti dovevano scovare da soli i clienti da dare poi in pasto all'azienda che, dopo aver incassato la parcella, li snobbava e li trattava male. Ma ormai era tardi: quando proponi un servizio e fai firmare un contratto, la faccia ce l'hai messa tu.

Queste aziende avevano un metodo simile a quello che gli antichi romani usavano per rendere ancora più feroci le belve prima del combattimento.

La tecnica era quella di affamare il venditore così che andasse in giro a vendere vendere vendere anche laddove non ce n'era bisogno o addirittura dove avrebbe messo in pericolo il cliente.

Ricordiamoci che trattare con le banche è davvero complicato e delicatissimo: non si può spingere a cuore leggero un
imprenditore a far causa alla propria banca senza un motivo più che giustificato.
Questo metodo era proprio il contrario dello spirito con cui mi ero approcciato a questo settore: io volevo guadagnare aiutando concretamente gli imprenditori a risolvere i loro problemi, mentre queste aziende volevano guadagnare spillando loro senza pietà gli ultimi soldi.

Dovevo fare qualcosa, così non si poteva andare avanti. Infatti è proprio qui che ho dovuto imporre il mio cambio di mentalità: volevo più comprensione dello stato emotivo del cliente ed essere più focalizzato sull'essere utile a risolvere il problema bancario dell'azienda, con la possibilità di dire di NO se la soluzione non c'è.
Questo significa trattare la materia con una mentalità specialistica e professionale.

CHI MI AMA MI SEGUA

A farmi capire che ero sulla strada giusta e che ero stato lungimirante sono stati i miei successi.
I clienti che hanno continuato a seguirmi perché avevano visto in me i giusti valori, anche se li avevo portati dalle aziende-fuffa in passato. Ex colleghi che hanno continuato a seguirmi perché, come me, volevano solo essere utili agli imprenditori ma le aziende per cui lavoravamo lo impedivano loro.

Il grande successo di avere scovato i migliori specialisti di matematica finanziaria e diritto bancario sulla piazza e averli talmente ben impressionati da voler unire i nostri percorsi per creare quel polo specialistico unico in Italia, in controtendenza con le aziende-fuffa che vogliono solo fare business sulle spalle del cliente.

Ci vuole una bella faccia tosta a promettere al cliente di risolvergli il suo problema bancario senza averne le competenze, solo per metter mano al suo portafogli!

La conferma dei primi clienti soddisfatti per il lavoro svolto con la mia azienda: offrire specializzazione al posto di paroloni e promesse porta ad ottenere risultati.

Tutto questo è sintomo di essere nel giusto e premia il coraggio di aver preso la difficile e lunga strada della specializzazione anziché dei soldi facili.

CAPITOLO 3

NESSUNA PREGHIERA E NESSUNA FORMULA MAGICA: ECCO L'UNICO SCHEMA ANTI-BANCA

SOLUZIONE AI PROBLEMI BANCARI OFFRESI

Per tornare a dormire sonni tranquilli e lasciarsi l'incubo bancario alle spalle bisogna seguire un percorso fatto di poche ma fondamentali regole.
Si dice "l'importante è la compagnia", ecco a maggior ragione quando devi affrontare un argomento così delicato non puoi non scegliere con la massima cura chi ti accompagnerà in questo percorso.
È fondamentale che ogni singola fase sia gestita da specialisti d'esperienza.
Voglio condensare tutta la mia esperienza accumulata in anni di lavoro nel settore ed offrirti l'unica soluzione possibile al tuo problema con la banca.
Tutto quello che devi avere è:
- un controllo completo del tuo rapporto bancario
- una perizia specialistica
- un avvocato specializzato

DEVI FARE UNA PARTENZA COL BOTTO!

Partire bene è fondamentale. Respingi al mittente quelli che ti vogliono appioppare una preanalisi gratuita. Alcuni la chiamano estratto peritale o analisi di fattibilità o in altri modi, ma alla fine è la stessa roba: una cosa che ricevi a zero euro perché 'zero euro' è il suo valore.

Non ti sei mai accorto che i prodotti artigianali costano più di quelli industriali? Con l'analisi preliminare è la stessa cosa: se vuoi un prodotto valido e attendibile devi trovarne uno che non sia industriale (quindi generico e poco accurato) e che abbia un costo.
Assicurati di avere i risultati di un controllo completo fatto da specialisti in matematica finanziaria per valutare se vale la pena procedere a perizia.

COMPRATI UN'ARMA VERAMENTE POTENTE

Se il controllo completo rivela che la tua banca è stata brava non ti conviene farle causa o scendere in trattativa: perderesti tempo e soldi tra perizie e avvocati. Se invece rivela che hai chance di recuperare soldi, corri a comprare la potente arma che ti farà uscire vittorioso dalla battaglia con la banca: la perizia!

Sulla base del controllo completo, il perito specializzato in matematica finanziaria ti farà una perizia da usare come arma nella trattativa con la tua banca. Un perito specializzato sa quali criticità valutare, come quantificare i danni che la banca produce nei tuoi confronti e ha pure uno storico di cause vinte a cui può attingere.

Siccome la perizia sarà poi confrontata e discussa con la controparte, l'ideale è che il perito sia affiancato da un esperto che renda le 'accuse' formulate alla banca coerenti a livello legale.
Il tutto deve essere fatto tenendo conto dei diversi orientamenti dei

tribunali e delle più recenti sentenze in materia di contenzioso bancario.

ASSOLDA IL CECCHINO E POI ATTENDI FIDUCIOSO

L'ultimo passo per preparare la tua battaglia consiste nel scegliere il cecchino che userà l'arma che hai comprato.
Stiamo parlando dell'avvocato che dovrà necessariamente essere specializzato e di esperienza nel settore del diritto bancario. Se ti accontenti dell'avvocato di paese che promette di 'fare del suo meglio' sei destinato a fallire, comincia a pregare!

L'avvocato è il protagonista di questa ultima fase, quello che farà valere le tue ragioni usando la perizia, ecco perché devi sceglierne uno navigato e vincente, uno che conosca l'andamento della più recente giurisprudenza in materia di contenzioso bancario.

IL PERCORSO È QUELLO GIUSTO MA È PIENO DI OSTACOLI

La strada da seguire è semplicemente composta in 3 parti: controllo completo, perizia e avvocato. Eppure ci sono tanti ostacoli su questo percorso! Come fai a scegliere l'azienda che ti fa le analisi?

Non puoi certo fidarti delle chiacchiere da bar o dei consigli degli amici, mica sono degli esperti! L'avvocato e il commercialista di paese sfruttano la tua fiducia incondizionata per spacciarsi come esperti di contenzioso bancario anche se non lo sono, pur di strapparti la parcella.

Di internet non puoi assolutamente fidarti: non si contano ormai più le aziende, i centrostudi, i consulenti che vogliono appiopparti perizie per ogni cosa, dalla carta di credito alla cartella esattoriale, promettendoti di recuperare soldi a destra e a manca.

Sei in un campo minato: se fai un passo sbagliato ci rimani secco!

I 3 OSTACOLI CHE DEVI ASSOLUTAMENTE CONOSCERE SE NON VUOI RIMETTERCI LA PELLE

Il primo ostacolo da superare è quello di resistere alla tentazione di fare una preanalisi gratuita. Siamo seri, su, quando vai al supermercato esci senza pagare?
Se l'analisi ha un valore ha anche un prezzo: i professionisti specializzati non lavorano gratis. L'analisi gratis te la fa chi ci butta dentro cifre a casaccio per ingolosirti con la promessa di recuperare una marea di soldi che non vedrai mai. Intanto però ti avranno spennato tra perizie, avvocati e spese extra.

Se ti propongono un'analisi gratis scappa a gambe levate e cercati uno studio specialistico in cui lavorino esperti di matematica finanziaria che ti facciano un controllo completo.
Quando sei sicuro di poter andare in trattativa con la banca per un rimborso ti serve la perizia. Attento! Questo è uno strumento fondamentale, è l'arma con cui andrai in guerra: se è un coltello con la punta ammosciata, il nemico ti annienterà senza pietà e ti rovinerà la vita!

Non essere ingenuo, assicurati che chi fa la tua perizia sia uno specialista con titoli accademici, esperto di matematica finanziaria e abbia molti anni esperienza sul campo. Altrimenti ti troverai a pagare migliaia di euro per una perizia che contenga 'usura soggettiva', anatocismo calcolato negli anni in cui è concesso ed altre castronerie che ti faranno perdere la causa contro la banca perché praticamente nessun giudice le tiene in considerazione.

Sono sempre di più gli imprenditori che per questo motivo sono stati pure condannati, dopo aver PERSO LA CAUSA, a pagare multe devastanti per 'lite temeraria' (sto parlando di decine di migliaia

di euro!!).
Fidarti delle chiacchiere da bar, dell'avvocato/commercialista di paese o del primo ciarlatano ben vestito trovato su internet ti costerà talmente caro che ti rovinerà la vita.

Fino a 2 o 3 anni fa gli avvocati specializzati in diritto bancario erano pochi: negli ultimi 2 anni ne sono magicamente spuntati fuori a centinaia. Che si siano laureati tutti insieme?
Che li abbiano clonati in serie? Te lo dico io, appena hanno sentito odore di business si sono auto-definiti esperti per guadagnarsi la tua fiducia e fregarti un po' di soldi.
Quelli bravi erano pochi prima e pochi rimangono anche oggi.

Gli altri ciarlatani sono avvocati che fino a ieri si occupavano di altro e oggi giocano a fare gli esperti di contenzioso bancario per guadagnare la parcella che pretendono da te, non curanti che chi rischia la pelle sei tu. Se capiti in mano al professionista sbagliato avrai la vita rovinata e sappi che ci sono in giro talmente tanti bidoni che hai il 90% di possibilità di farti fregare!

ALLENATI NEL MODO GIUSTO E VEDRAI CHE SALTARE GLI OSTACOLI NON È POI COSÌ DIFFICILE

Come fai a schivare le fregature che ti piovono addosso ogni volta che cerchi 'anatocismo' o 'usura bancaria' in internet?
Devi andare in palestra: i tuoi attrezzi saranno le informazioni che riguardano questo complicato mondo che si chiama diritto bancario.

Sul blog www.imprenditoresicuro.com troverai la guida che ho scritto per te e che ti aiuta a distinguere l'asino vestito elegante che ti vuole appioppare una perizia sul tuo rapporto bancario dallo specialista che ti farà ottenere un rimborso dalla tua banca.

Ci sono tanti campanelli d'allarme che devi ascoltare quando sei in cerca del professionista giusto per risolvere il tuo problema specifico, la soluzione è focalizzarsi sempre sulla specializzazione, sull'esperienza e sul numero di successi ottenuti da chi ti farà le analisi e la fase legale.

CAPITOLO 4

LE 3 COSE CHE DEVI ASSOLUTAMENTE FARE PER LASCIARTI L'INCUBO BANCARIO ALLE SPALLE

C'ERA UNA VOLTA IL DIRITTO BANCARIO

Ci sono dei settori lavorativi che funzionano molto bene e portano dei risultati concreti che risolvono davvero i problemi degli imprenditori.

Il diritto bancario è decisamente uno di questi, infatti esistono davvero aziende che grazie ad analisi e perizie BEN FATTE sono riuscite ad ottenere un RIMBORSO dalla propria banca

Hai delle probabilità altissime di vincere una causa contro la tua banca, a patto che ti affidi a degli specialisti che vogliano davvero risolvere i tuoi problemi.

Purtroppo negli ultimi tempi il buon nome degli specialisti di diritto bancario è stato sporcato e infangato da centrostudi, aziende, associazioni, studi di avvocati, studi di commercialisti, consulenti vari ed eventuali che si sono AUTODEFINITI esperti in materia pur non essendolo per niente.

La speranza di guadagnare soldi facili vendendo perizie di scarsa qualità a chiunque, come fossero sacchi di patate, è un'epidemia che ha colpito tutti.

Hai delle probabilità altissime di PERDERE la causa contro la tua banca se ti affidi alle aziende colpite dall'epidemia del business delle perizie.

Già è difficile ottenere un rimborso da una banca, figuriamoci se lo fai affidandoti a persone che si spacciano per professionisti ma non hanno le competenze per farlo!
Per farti capire meglio com'è la situazione del diritto bancario in Italia, ti faccio un esempio.
Ammettiamo per assurdo di vivere un periodo di crisi in cui la gente si vede costretta a re-inventarsi un mestiere in cui non è esperta pur di sbarcare il lunario.
Diciamo che la cardiologia è una professione specialistica delicatissima che possono fare in pochi.
Ipotizziamo per assurdo che da un giorno all'altro chiunque può spacciarsi per cardiologo e ricevere dei pazienti pronti a pagare le cure.
Siccome il cardiologo guadagna molto, una marea di persone ha pensato di spacciarsi per professionista in materia pur di arricchirsi.
E così, da un giorno all'altro, scopri che il tuo dentista, tra una pulizia dei denti e l'altra, fa anche il cardiologo; l'oculista di tuo cugino, tra una visita per miopia e l'altra, fa il cardiologo; il farmacista sotto casa, oltre a venderti crema solare e burro cacao, fa anche il cardiologo; il veterinario dove porti sempre il tuo gatto, tra una zampa rotta e un cane castrato trova il tempo per fare il cardiologo.
Non è tutto, vai a casa e navigando in internet ti rendi conto di quante persone e aziende che prima o non esistevano o si occupavano di altro, ora fanno i cardiologi.
Perfino i giornali, i tg e la radio ora parlano sempre più spesso di cardiologia e intervistano persone che improvvisamente sono diventate esperte in materia.
Un po' pensieroso e sconcertato per questa situazione, decidi di andare a prenderti un caffè al bar e, mentre sei al bancone ti approccia un tizio dicendoti: "senti un po', lo sai che se hai problemi al cuore vai incontro a gravissimi problemi di salute? Affidati a me che sono cardiologo: dammi un po' di soldi e risolverò il tuo

problema".

La situazione del diritto bancario in Italia oggi non è molto diversa dall'assurdo esempio che ho scritto per te: siccome tantissimi imprenditori hanno problemi con la propria banca e siccome per risolverli sono disposti a comprare delle perizie e ingaggiare avvocati che seguano la causa, un sacco di centrostudi, aziende e pseudo-professionisti si sono autodefiniti specialisti in materia pur non avendone i requisiti, allo scopo di sbarcare il lunario in tempi di crisi, spillando dei soldi a clienti bisognosi.

Ora che ti ho spiegato come stanno davvero le cose voglio anche svelarti quello che il 90% delle aziende del business delle perizie non vuole dirti, e cioè che gli specialisti del diritto bancario esistono e sanno davvero risolvere i tuoi problemi: devi solo riconoscerli, distinguendoli dai ciarlatani che vogliono solo riempirti la testa di promesse e svuotarti il portafogli.

CONTROLLO COMPLETO

I motivi per scendere in trattativa con la propria banca sono tanti e diversi tra loro, ogni azienda ha il suo caso specifico. C'è chi chiede un rimborso, chi vuole diminuire il proprio debito, chi vuole impedire o modificare il piano di rientro, chi vuole impedire o rallentare un pignoramento, chi vuole cambiare le condizioni del contratto o dei tassi.

Sebbene ogni azienda viva un caso specifico totalmente personalizzato, il modo per arrivare all'obiettivo passa sempre da un controllo completo del rapporto bancario.
Per esempio se il tuo obiettivo è recuperare soldi da un conto corrente, bisogna prima analizzarlo, per capire se esistono i presupposti per chiedere un rimborso alla banca.

Si tratta di un vero e proprio controllo completo, sia a livello di contratto, sia a livello di applicazione di tassi e commissioni. Non basta una 'pre-analisi' o una 'analisi di fattibilità' o un 'estratto

peritale' o qualcosa di simile (le aziende del business delle perizie usano tanti nomi diversi per definire la stessa cosa) che ti viene data gratuitamente: ci vuole un controllo completo e approfondito.
- Se il responso è negativo, vuol dire che la banca è stata più o meno corretta nei tuoi confronti.
Questo capita molto più spesso di quanto affermi il 90% delle aziende del business delle perizie.
In queste circostanze è inutile e addirittura dannoso per l'imprenditore imbarcarsi in una trattativa con la banca senza avere le argomentazioni legali necessarie per recriminare.
- Se il responso è positivo vuol dire che la banca ha commesso irregolarità o illeciti di varia natura, arrecandoti un danno che si può quantificare in euro e che hai il diritto di chiedere indietro sotto forma di rimborso.
In queste circostanze, se l'entità del danno è sufficientemente corposa da giustificare un'azione legale, hai tutte le
argomentazioni per ingaggiare un legale e pretendere un risarcimento.
Se dal controllo completo risulta che hai la possibilità di riprenderti i tuoi soldi, il passo successivo è commissionare la stesura di una vera e propria perizia che certifichi la presenza di illeciti e quantifichi il danno subito.
Qualora il responso dovesse essere invece negativo, sarebbe comunque una buona notizia perché ti permetterebbe di risparmiare il tempo e il denaro che dovresti investire per perizia ed avvocato.

COSA DEVE CONTENERE

Il controllo completo è lo spartiacque fondamentale che ti permette di capire come stanno davvero le cose sui tuoi rapporti bancari e se vale la pena commissionare una perizia per fare causa alla banca.
È uno strumento potentissimo per 3 ragioni:
1) ti dice se la banca ti ha causato un danno e a quanto ammonta

2) se è positivo, ti assicura che fare causa alla banca è la scelta giusta
3) se è negativo, ti fa risparmiare il tempo e il denaro che sprecheresti tra perizie e avvocati

Un piccolo sbaglio in questa fase ti obbligherebbe a interminabili notti insonni e ad atroci pentimenti in futuro. Adesso ti svelo quello che il 90% delle aziende del business delle perizie non ti vuole dire e cioè quali criteri è assolutamente necessario analizzare per essere sicuri di poter commissionare una perizia vera e propria.

LA BANCA FA USURA?

Quando lo dicevo in giro 4 anni fa non ci credeva nessuno: 9 imprenditori su 10 non pensavano fosse vero.
Le frasi più ricorrenti erano: "sono più che sicuro che la mia banca mi applica dei tassi pesantissimi, ma che faccia addirittura usura... Non ci credo" oppure "sono arrabbiato nero con la mia banca... Ma non ci credo che fa addirittura usura".

La verità sta nel mezzo, nel senso che la banca può davvero fare usura, ma non è così facile da dimostrare.
Servono analisi accurate, basate su dati matematici oggettivi contestualizzati ai periodi presi in esame.
L'usura è difficile da trovare e conta tantissimo agli occhi del giudice che dovrà decidere se obbligare la banca a risarcire il cliente oppure no.

SAI COSA PUOI FARTENE DELL'USURA SOGGETTIVA?

Sebbene per tantissimi imprenditori ed addetti ai lavori sia difficile credere che la banca faccia davvero usura, per alcune delle

aziende del business delle perizie invece è la cosa più normale del mondo.
A loro l'usura piace talmente tanto che la vedono ovunque e ce la metterebbero dappertutto!
È per questo motivo che molti imprenditori si sono visti recapitare una 'pre-analisi' che quantifica anche l'usura 'soggettiva'.
Come mai si chiama 'soggettiva'?
Ti faccio un esempio per farti capire.
"Secondo Davide il giallo è il colore più bello del mondo; secondo Marta è il rosso il colore più bello del mondo.
Chi dei due ha ragione?"
Tutti e nessuno!
Chi può stabilire quale sia il colore più bello?
Esiste un parametro obiettivo per definirlo?
Sia Davide sia Marta hanno espresso un parere SOGGETTIVO, cioè una valutazione personale che dipende dai loro gusti e che quindi non è valida per tutte le persone del mondo.
Se un'azienda del business delle perizie ti ha appioppato una 'pre-analisi' che contiene usura soggettiva, sappi che praticamente nessun giudice ne terrà conto: in un contesto così delicato come il diritto bancario è già difficile mettersi d'accordo sui dati oggettivi, figuriamoci su quelli SOGGETTIVI!
Se vuoi sapere come stanno le cose sui tuoi rapporti bancari devi fare un controllo completo: lì non ci troverai l'usura soggettiva.

L'ANATOCISMO CONTA QUALCOSA?

L'anatocismo è l'interesse sull'interesse, cioè qualcosa DI TROPPO che la banca ti fa pagare quando ti presta dei soldi. La maggior parte delle aziende del business delle perizie tende a snobbarlo, ritenendolo meno eclatante dell'usura (che emotivamente fa più presa sul cliente).

In realtà invece è un criterio oggettivo importantissimo da analizzare in previsione di un rimborso da parte della banca.
Non è sufficiente individuarlo ma bisogna anche contestualizzarlo al periodo di tempo preso in esame.
Come in tutti gli Stati, anche in Italia la situazione legislativa è mutevole: a volte nascono leggi nuove, a volte quelle vecchie vengono modificate, influenzando le decisioni dei giudici che devono dirimere la trattativa tra l'imprenditore e la banca.
Per esempio l'anno 2000 rappresenta uno spartiacque di fondamentale importanza per chi si occupa di diritto bancario.

La situazione dell'anatocismo, infatti, nel 1998 era diversa rispetto a quella del 2005 e di questo bisogna tenere conto quando si fa un controllo completo.
Ti faccio un esempio: se nel 2012 hai fatto analizzare un conto corrente aperto dal 1997 al 2011, sappi che l'anatocismo potrebbe anche essere presente in tutti gli anni di vita del conto ma tu puoi chiedere un rimborso solo per quello riscontrato tra il 1997 ed il 2000.

L'anatocismo rilevato da aprile 2000 in poi, infatti, non si può recriminare per legge.
P.s. Voglio farti capire ancora meglio quanto mutevole e difficile da interpretare sia la legge dicendoti che nel 2014 c'è stato un ulteriore cambio di rotta sull'anatocismo, ma in questo momento (cioè mentre sto scrivendo queste righe) sarebbe prematuro analizzarne gli effetti.

3 CRITERI DI ANALISI NON FANNO UN CONTROLLO COMPLETO

L'usura vera e propria va benissimo ai fini dell'analisi.
L'usura soggettiva non è utile per vincere la causa con la banca perché porta con sé più dubbi che certezze.
L'anatocismo è di fondamentale importanza a patto che venga contestualizzato secondo le leggi vigenti, nel periodo preso in esame.

Questi 3 parametri (due dei quali sono oltretutto dubbi) non

possono certo bastare per darti la certezza di poter procede a perizia: ci vuole qualcosa di più sostanzioso.
Infatti un controllo completo deve tener conto di 4-6 parametri mediamente.
Attenzione: spese e commissioni sono importantissime da valutare ma non devono essere buttate nel calderone a casaccio, per fare numero.
Le aziende del business delle perizie cercano in tutti i modi di far lievitare la cifra da chiedere indietro alla banca come rimborso, inserendo nelle 'pre-analisi' (o 'estratti peritali' o 'analisi di fattibilità' ecc ecc) tutto quello che di dubbio trovano nei rapporti bancari.

Facendo così ottengono sicuramente lo stupore del cliente, che quindi sarà ben disposto a sborsare parecchi soldi per comprare la perizia e andare in causa (che, ahimè, difficilmente vincerà) ma anche la sacrosanta freddezza del giudice che al 90% respingerà le accuse al mittente, dando ragione alla banca.

TEORIA E PRATICA

'Fatta la legge, trovato l'inganno', 'non è bello ciò che è bello ma è bello ciò che piace'.
Potrei riferire queste e altre frasi fatte al diritto bancario, ma siccome non amo la retorica ti traduco il concetto in un altro modo: è vero che esistono fior fior di leggi scritte, applicate e consolidate, ma è anche vero che avvocati, giudici, ctu ecc ecc sono PERSONE e non macchinette programmate.

Proprio perché sono persone, sanno valutare le situazioni, usano il dialogo e quindi volenti o nolenti sono influenzate da un certo grado di soggettività.
Ogni tribunale, ogni zona geografica ha le proprie tendenze e il proprio storico di casistiche inerenti il diritto bancario.
È difficile, nell'ambito legale come nella vita in genere, avere delle certezze assolute.

L'imprenditore fa una proposta, la banca ne fa un'altra e alla fine il giudice decide: si sa come si comincia ma non si sa come si finisce, persino se hai a disposizione il miglior perito e il miglior avvocato.

Figurati se sei caduto nel sistema cavallo di Troia (il tranello escogitato dalle aziende del business delle perizie che di cui ti parlerò approfonditamente più avanti) armato di una perizia-spazzatura e di un avvocato così poco esperto da sembrare uno che va in guerra con un coltellino spuntato!

Auguri!

QUELLO CHE NON SAI FARE TU FALLO FARE A DEI CONSULENTI ESPERTI E PAGALI

Ordina gli estratti conti cronologicamente, confronta le variazioni contrattuali e individua un numero x di criticità sopravvenute, implementa un algoritmo che quantifichi potenzialmente il danno registrato nel trimestre in esame e sviluppa un'area test che porti a 2 o 3 il numero di......

Se ti sei perso già dopo la settima parola vuol dire che le analisi sui conti correnti da solo non le sai fare.

Considerata la specializzazione necessaria per sviluppare questo tipo di analisi e renderle efficaci in fase di discussione, se vuoi risolvere i tuoi problemi con la banca, non ascoltare il parere di amici e parenti e colleghi (che sembra che sanno sempre tutto) ma corri dai migliori in circolazione!

Chiaramente TUTTE le aziende del business delle perizie ti diranno che loro sono i migliori, ma ho creato il blog www.imprenditoresicuro.com proprio per esserti utile a
riconoscere chi vuole davvero aiutarti senza lucrare sui tuoi guai.

LA MATEMATICA NON È UN'OPINIONE

È vero che non si può prevedere al 100% chi vincerà la causa e come, ma proprio per questo la tua base di partenza deve essere solidissima e cioè basata su dati matematici oggettivi il più possibile accurati.
Le aziende del business delle perizie usano criteri di calcolo basati solo su anatocismo, usura e poco altro... e lo fanno pure male.
Questa non è una base solida di partenza!
In questo libro ti aiuto a riconoscere l'azienda che basa le proprie analisi, perizie e strategie sui criteri che i giudici di un po' tutte le zone geografiche ritengono validi per concederti un rimborso da parte della banca.
Il 90% delle aziende in circolazione ti venderebbe una perizia anche se ha trovato un solo euro di anatocismo, giusto per incassare un po' di soldi alla faccia tua e dei tuoi problemi.
Per fortuna ci sono aziende in grado di dire NO se effettivamente da un Controllo Completo non risulta la possibilità di procedere con una perizia e conseguente azione legale.

LA PERIZIA

Una volta fatto il Controllo Completo sul tuo rapporto bancario puoi sapere con certezza se ci sono illeciti e quanto puoi recuperare.
Quando il Controllo Completo ti dà il via libera vuol dire che bisogna passare a perizia, cioè c'è bisogno di un tecnico che metta nero su bianco lo stato del tuo rapporto bancario, indicando gli illeciti e le irregolarità riscontrate, argomentando il modo in cui sono state trovate e giustificando la richiesta di rimborso.
Una perizia ben fatta aumenta in modo esponenziale le tue probabilità di uscire vittorioso e con le tasche piene dalla trattativa

con la banca.
Una perizia scarna e fatta in fretta e furia invece ti taglierà le gambe prima ancora di cominciare la fase legale, perché non avrai le giustificazioni e le argomentazioni necessarie per farti ascoltare dal giudice.

Gli avvocati che hanno a cuore la propria fama e reputazione ci pensano 100 volte prima di utilizzare queste perizie di scarsa qualità per difendere il cliente perché sanno che sarebbe come presentare all'esame di grammatica un testo pieno di strafalcioni e congiuntivi sbagliati: non ci fai una bella figura...

Ecco perché, proprio come quei poveri cani abbandonati lungo le strade nel momento più importante e cioè quello della PARTENZA per le vacanze, un grandissimo numero di perizie di pessima qualità (quelle fatte dalle aziende del business delle perizie) giacciono ancora sulla scrivania di quegli avvocati che avrebbero dovuto usarle per difendere l'imprenditore nella causa contro la banca, ma che si sono rifiutati di esporsi a questa sonora sconfitta annunciata.

I professionisti seri, quando si trovano tra le mani degli elaborati tecnici così mal fatti, non si prendono la responsabilità di utilizzarli durante la fase legale, perché significherebbe perdere la causa in maniera umiliante.

VUOI VINCERE LA CAUSA? PASSA A PERIZIA

Per uscire vittorioso dalla trattativa con la banca devi passare a perizia, dopo aver fatto il Controllo Completo.
La perizia è un elaborato tecnico molto complesso: contiene sia i risultati che le motivazioni.
Ti faccio un esempio usando altre parole: ci troverai scritto il risultato, cioè che la banca ti deve restituire per esempio 25.000€ per usura; poi ci troverai anche la motivazione, cioè il
procedimento matematico e le argomentazioni che hanno portano a

calcolare PROPRIO la cifra di 25.000€.

Purtroppo i professionisti specializzati in grado di dare sia i risultati sia le motivazioni che i giudici terranno DAVVERO in considerazione per concederti un rimborso sono davvero pochissimi.

BASTA IL CONTROLLO COMPLETO PER VINCERE CON LA BANCA?

Il Controllo Completo è FONDAMENTALE ma fornisce solo i risultati e le cifre recuperabili, non dà le motivazioni. Anche le cifre indicate non sono volutamente definitive al 100%, cosa che si ottiene solo in perizia.
Il Controllo Completo ti dice come stanno davvero le cose sul tuo rapporto bancario, ma non contiene ancora tutti quegli elementi che permetterebbero all'avvocato di farti vincere la
causa, altrimenti sarebbe già una vera e propria perizia!

Il controllo completo ti dice SE puoi vincere la causa, ma non è lo strumento che te la farà vincere
Non puoi presentarti con il Controllo Completo in filiale e trattare una restituzione di soldi con il tuo direttore di banca. Non lo puoi neanche presentare al giudice per intraprendere la causa.
Ci vuole una perizia che ha valore legale, che contiene tutti i risultati e le motivazioni che il giudice vuole valutare per decidere di concederti un rimborso.

CHI È IN GRADO DI FARE LA PERIZIA VINCENTE?

Il perito può essere SOLO un esperto di matematica

finanziaria: non basta un commercialista, non basta un contabile, non basta uno che si improvvisa 'specialista'.
Solo chi ha fatto un Controllo Completo affidabile può trasformarlo in perizia.
Occhio a quegli 'studi' legati alle aziende del business delle perizie che sfornano a ciclostile cosiddette 'perizie' piene di usura e di illeciti.

ATTENZIONE! Le banche ci picchiano giù duro, ma non così tanto o così spesso come alcuni ti vogliono far credere. Se vuoi sapere come stanno le cose devi capire che è difficile individuare e poi dimostrare le irregolarità sui rapporti bancari: ci vuole un perito che non sia servo del business delle perizie, che non dichiari che c'è usura dappertutto e sempre e che non si limiti ad analizzare solo usura e anatocismo.

Ahimè la maggior parte dei periti che trovi in giro non ti fornirà una perizia utile a vincere la causa...
Se però sei davvero intenzionato risolvere i tuoi problemi con la banca, devi fare un Controllo Completo e poi passare a perizia. Lo stesso specialista di matematica finanziaria deve anche saper tener conto dei vari orientamenti dei tribunali e avere esperienza nel campo del diritto bancario.

Puoi anche elaborare i calcoli alla perfezione, ma se non sai come sta evolvendo la giurisprudenza sei tagliato fuori, ecco perché avere l'esperienza di alcune cause è fondamentale per aiutare l'imprenditore a trattare con la banca.
Insomma adattare la competenza tecnico-matematica
all'evoluzione della giurisprudenza è ciò che ti spianerà la strada verso la vittoria.

COSA DEVE CONTENERE UNA PERIZIA VINCENTE?

Ebbene sì, la banca fa usura ed è una cosa grave.
È difficile da trovare, ma esiste ed è un parametro che conta in modo

decisivo in fase di trattativa. E poi c'è l'anatocismo, cioè l'interesse sull'interesse, che si trova spesso e che il giudice tiene in grande considerazione.

OCCHIO! Le aziende del business delle perizie tendono a sminuire l'anatocismo e a dirti che conta solo l'usura.

Ti svelo il segreto per cui vogliono convincerti di questo: non sono capaci a fare il loro mestiere ma vogliono comunque spillarti dei soldi!

Gli specialisti di diritto bancario sanno che l'anatocismo conta tantissimo, purché rilevato prima del 2000 o dopo il 2014.

Lo si può riscontrare anche dopo il 2000 ma solo a certe particolari condizioni che non sto qui a scrivere per non trasformare questo libro in un manuale tecnico.

Fai molta attenzione all'usura, perché quella 'soggettiva' non conta per vincere la causa, ma serve solo a gonfiare le cifre della preanalisi (o estratto peritale) e ad aumentare il costo della perizia.

Oltre ad anatocismo ed usura si devono analizzare le commissioni, come quella che una volta si chiamava CMS (commissione di massimo scoperto).

Ora non è più consentita, ma ce ne sono altre che hanno un nome diverso ma in sostanza sono la stessa cosa.

Ci sono per esempio la CIV (commissione istruttoria veloce) e una serie di commissioni tenuta fondi.

Queste commissioni, per dirtelo in parole povere, le ha create la banca per farti pagare qualcosa nel caso tu avessi dei fidi che non utilizzi tanto.

Un altro parametro da tenere in considerazione è la 'mora', cioè quella penale che ti viene addebitata quando non paghi o sei in ritardo con il pagamento delle rate.

Anche l'estinzione anticipata va monitorata con attenzione perché a volte è applicata a livelli di strozzinaggio.

In parole povere quando vuoi chiudere prima del tempo stabilito per contratto il tuo prestito, vai incontro all'estinzione anticipata.

L'AVVOCATO

Se il perito è il protagonista di questa storia di successo che ti porterà ad ottenere un rimborso dalla banca, l'avvocato è il co-protagonista perché è altrettanto importante.
Una perizia da sola non produrrebbe nessun effetto se non ci fosse l'avvocato che la argomenta, così come un avvocato senza perizia non avrebbe le prove tecnico-matematiche che giustificano la richiesta di rimborso.
L'avvocato deve essere un figura professionale specializzata in diritto bancario: se ne trovi uno all'altezza, ingaggialo e pagalo perché è un elemento fondamentale nella trattativa con la tua banca.

Quando un attaccante forte riceve l'assist giusto, stai sicuro che il portiere trema

La perizia è un elaborato fondamentale: contiene la storia del tuo rapporto bancario evidenziando le anomalie e le scorrettezze che ti ha fatto la banca.
Analizzando i documenti ufficiali della banca vengono elaborati dei dati matematici oggettivi (2 + 2 farà sempre 4) che poi verranno confrontati con le normative e le leggi vigenti.
Per esempio, se hai pattuito il 4% sul tuo prestito, con algoritmi e calcoli specifici si può verificare se quel tasso, in certi periodi, si è alzato, diventando magari il 5% o il 6%.
Se la banca ha agito scorrettamente, il perito è in grado di dimostrare il COME, il PERCHÉ e il QUANTO.
Ecco perché una perizia elaborata da uno specialista di matematica finanziaria è uno strumento fondamentale per trattare con la banca.
Eppure anche uno strumento così prezioso può rivelarsi inutile.

Per sfruttare al 100% le potenzialità della perizia bisogna saperla UTILIZZARE in fase di trattativa, cosa che può fare solo un AVVOCATO.

IL DIRITTO BANCARIO ALLA NOSTRANA DANNEGGIA L'IMPRENDITORE

Gli avvocati colpiti dall'epidemia del business delle perizie si prendono l'ENORME responsabilità di seguire l'imprenditore nella causa contro la banca senza averne le competenze. Te lo vedi un medico di base che dice: "ma sì, piuttosto che perdere il cliente provo a farla io questa delicata operazione chirurgica"?

Sappi che succede così: l'avvocato di paese colpito dall'epidemia si improvvisa esperto di diritto bancario pur non sapendo esattamente cosa sia un conto corrente.
Lui intanto la parcella se la intasca, tu invece rischi la pelle: comunque vada, sarà un successo... Sì, per lui!

Un legale con scarse competenze specifiche e poca esperienza nel settore può anche trovarsi in mano la perizia migliore del mondo ma è praticamente sicuro che perderà la causa.
Non basta avere una Ferrari per garantirsi la vittoria nel gran premio: è l'accoppiata Ferrari + Schumacher che fa la differenza! Di avvocati bravi ce ne sono in giro, ma non così tanti. Siccome ci sono decine di migliaia di perizie in giro per l'Italia dovrebbero esserci centinaia di avvocati specializzati con una lunga e provata esperienza in diritto bancario: impossibile!
Non è così!

Pur di vendere perizie da incubo, le aziende del business delle perizie hanno ingaggiato avvocati inesperti e improvvisati, per seguire la mediazione e la causa alla bell'e meglio.

Con queste premesse, promettere al cliente che risolverà i suoi problemi con la banca è come garantire a un tizio con una ferita sanguinante che non gli succederà niente per poi gettarlo in una vasca di squali: auguri...

Inoltre ti ricordo che su decine di migliaia di perizie sono davvero poche le cause vinte, il che dimostra che c'è un numero impressionante di legali improvvisati e con molto pelo sullo stomaco.

D'altra parte fortunatamente esistono anche quei grandi professionisti di esperienza che sanno quello che fanno quando difendono il cliente contro la banca: per saperli distinguere ho creato per te il blog www.imprenditoresicuro.com per esserti utile
a orientarti nella giungla del business delle perizie.

FERRARI TESTA ROSSA: MANUALE D'USO

Se vuoi arrivare vittorioso in fondo al tracciato, non basta essere alla guida di un bolide: bisogna saperlo usare.

Non è sufficiente avere a disposizione una perizia ben fatta, ma è necessario saperla usare e argomentare con esperienza e scaltrezza.

L'avvocato gioca un ruolo DETERMINANTE se ha esperienza nel settore e quindi sa quali criteri matematici e formule valutano i giudici per concederti un rimborso.

Oltre alla preparazione tecnica c'è anche la scaltrezza: il legale che ti farà vincere la causa è quel professionista che si informa su tutte le recenti sentenze simili in giro per l'Italia e tiene da conto i diversi orientamenti dei tribunali.

Sapere adattare professionalità e specializzazione ai cambiamenti della giurisprudenza è sinonimo di realismo, cosa che paga molto quando devi trattare argomenti così delicati come i rapporti bancari.

Realismo significa EVITARE di spararla grossa promettendo al cliente di recuperare cifre da capogiro quando le analisi tecniche rivelano che in realtà non c'è trippa per gatti.

Realismo vuole anche dire usare le formule matematico-giuridiche di cui praticamente tutti i giudici tengono conto, EVITANDO di INVENTARSI interpretazioni di sentenze sperando di riuscire a cambiare la giurisprudenza: il cliente ha bisogno di certezze e non di test utopistici.

Tanto per capirci, chi propina perizie basate sulla sentenza 350/2013 o sull'anatocismo derivante dal piano di
ammortamento alla francese, sta dichiarando di voler mettere nei guai l'imprenditore invece di aiutarlo.

MEDIAZIONE O NON MEDIAZIONE? QUESTO È IL PROBLEMA

Detto in parole povere la mediazione è un periodo di tempo DETERMINATO in cui l'imprenditore e la banca cercano di trovare un accordo senza andare in causa.

È una trattativa, una possibilità di conciliazione in tempi brevi che possa soddisfare tutti.

Negli ultimi anni la mediazione è stata resa facoltativa, poi obbligatoria, a seconda dei governi in essere.

La cosa certa è che la banca, in ogni caso, tende a DISERTARE la mediazione: o non si presenta, o si presenta ma decide di non pagare.

Siccome succede quasi sempre così, realisticamente è meglio non porre troppe speranze sulla mediazione ma prepararsi subito ad andare in causa.

Parliamoci chiaro, chi glielo fa fare alla banca di calare le braghe, fare brutta figura e concederti un rimborso sapendo che tu hai in mano una perizia farlocca usata da un avvocato improvvisato, in pieno stile business delle perizie?

Ti concede poco o niente e ti sfida a trascinarla in causa, dove sa di trovare un giudice che valuterà attentamente i dati matematici, le formule e le motivazioni delle accuse contenute nella tua perizia.

La banca fiuta le perizie di bassa lega sfornate dalle aziende del business delle perizie a chilometri di distanza e sa che se vai in causa con quelle ti fa scacco matto.

Gli istituti bancari, forti del fatto che il 90% degli imprenditori

si avvale di una perizia-bidone e di un avvocato colpito
dall'epidemia, in un colpo solo riescono a mantenere pulita la loro reputazione e a evitare di darti indietro dei soldi.
La beffa è che magari gli illeciti li hanno commessi davvero: è l'azienda a cui ti sei affidato che non aveva le competenze per scovarli e argomentarli obiettivamente.

Quando ti affidi a degli specialisti di diritto bancario che ti seguono sia in fase di analisi e di perizia, sia nella fase legale, non hai niente da temere ma anzi speri di andare al più presto in causa così da poter argomentare e sviscerare appieno le motivazioni per cui chiedi un rimborso, forte del fatto che i tuoi consulenti sanno quello che fanno e hanno già avuto successo in passato.

LA RETE COMMERCIALE - DIMMI CHE VENDITORI HAI E TI DIRÒ CHI SEI

La rete commerciale è l'insieme dei promotori di un'azienda.
Quando si tratta di diritto bancario, il commerciale deve solo fare da tramite tra il cliente e il professionista.
Se vuoi davvero risolvere il tuo problema con la banca, devi fare in modo che il perito faccia solo il perito, l'avvocato faccia solo l'avvocato e il venditore semplicemente ti metta in contatto con i professionisti specializzati in diritto bancario.

La rete commerciale deve essere formata a livello tecnico quanto basta solo per saper spiegare nozioni tecniche e rassicurare il cliente in fase critica quando bisogna decidere il da farsi in merito alle sue banche.
Il venditore può anche provenire da altri ambiti professionali che non siano esattamente il diritto bancario purché poi acquisisca la giusta formazione

L'esperienza sul campo è un fattore fondamentale, infatti è molto utile nei casi intricati in cui il commerciale dovrà dare il suo parere al cliente.

È vero che la rete commerciale è formata da venditori, ma questi devono avere un approccio da consulenti e dire le cose come stanno così da mantenere con il cliente un rapporto buono che può durare anche anni per via delle tempistiche della causa. Ogni venditore può avere dei collaboratori, ma ognuno deve essere formato in diritto bancario e acquisire esperienza sul campo.

Ci vogliono tempo e pratica per ampliare una rete commerciale che non abbia il solo obiettivo di vendere o fregare il cliente, ecco perché è strano vedere delle reti commerciali estremamente estese!

ATTENZIONE!!! Le aziende del business delle perizie ampliano la rete commerciale solo per avere più opportunità di accalappiare ingenui clienti, non per formare a livello di diritto bancario in modo specialistico sempre più venditori.

CAPITOLO 5

LE 3 COSE CHE DEVI EVITARE COME LA PESTE SE NON VUOI FARTI ROVINARE LA VITA DALLE AZIENDE DEL BUSINESS DELLE PERIZIE

IL SISTEMA CAVALLO DI TROIA. QUANTO COSTA LA FIDUCIA DI UN IMPRENDITORE? NULLA: BASTA BARATTARLA CON UNA PREANALISI GRATUITA

Dopo aver superato l'ostacolo dei costi alti, a un'azienda del business delle perizie rimane un altro scoglio da superare e cioè acquisire la tua fiducia per poi venderti una perizia. Spesso l'imprenditore è riservato nel parlare della situazione dei suoi rapporti bancari, un po' perché è qualcosa di personale, un po' perché non vuole far sapere in giro che è in difficoltà. Le aziende del business delle perizie però sanno che l'imprenditore dentro di sé sa di avere bisogno di riequilibrare il rapporto con la banca e ha anche voglia di parlarne per sfogarsi e trovare qualcuno che lo capisca dopo che si è sentito abbandonato da politica, associazioni, banche, ecc...

L'imprenditore insomma vuole questo servizio ma ha delle difficoltà ad accettarlo.

Ecco perché nel business delle perizie va di moda offrire qualcosa gratis per rompere il ghiaccio: preanalisi, estratti peritali, analisi di fattibilità, ecc...

Se vuoi mettere in guardia un bambino digli: "non accettare caramelle dagli sconosciuti", se vuoi mettere in guardia un imprenditore digli: "non accettare preanalisi dalle aziende del business delle perizie".

TI PORTI IL NEMICO IN CASA

Se rivolgi a un imprenditore le domande: "cosa ne pensi delle banche?", "hai problemi con le banche?" la risposta è quasi scontata. Da quando è iniziata la crisi quasi tutti hanno avuto grattacapi per via delle banche.

Se prosegui spiegandogli che si è scoperto che 'la banca ruba', ti risponde: "l'ho sempre saputo, è vero, c'avrei scommesso!".
Ora che l'imprenditore è ancora più caldo gli dici: "vuoi sapere se la banca ha rubato soldi ANCHE A TE?".
A questo punto l'imprenditore dentro di sé non è caldo, è BOLLENTE e molto determinato, ma chiederà: "quanto costa?".
È talmente incazzato e deciso che lo farebbe per qualsiasi cifra ma quando gli rispondi: "non costa NULLA. È GRATIS." se prima stava pensando con molta diffidenza di fare analizzare un solo conto, ora ne tirerà fuori a decine, anche quelli chiusi, anche quelli dell'altra sua azienda, anche quelli personali.
L'hai fatto tuo.

Nella sua testa pensa: "ma sì, tanto è gratis quindi lo faccio. Poi non sono obbligato a proseguire con perizia e avvocati". Le aziende del business delle perizie propongono servizi in parte o totalmente gratuiti, soprattutto nella fase iniziale, per ingolosirti.
Con questo stratagemma commerciale abbelliscono il Cavallo di Troia che ti regalano così ti porti in casa il nemico che ha in pancia.
E sei pure contento di quella trappola che ti hanno offerto mascherata da dono!

RICALCOLI APPROSSIMATIVI = FATTURATO ALLE STELLE

Siccome accetti di fare la preanalisi gratuita ti daranno in visione una relazione in cui ci sarà scritto quanti soldi la banca ti ha sottratto irregolarmente e quanti ne puoi recuperare. Quando leggi che la banca ha commesso illeciti nei tuoi confronti ti arrabbi: tu sudavi 7 camicie per pagare le rate con l'incubo del pignoramento mentre la banca ti frugava nelle tasche. Che tu lo sospettassi oppure no, il risultato non cambia: ti incazzi come una bestia!
Stai esplorando un mondo nuovo di cui non hai esperienza e quindi sei disorientato.
Non sei lucido perché sei arrabbiato o sconcertato e quindi sei vulnerabile.
In queste condizioni sei manipolabile e l'unico consulente che hai è l'azienda del business delle perizie.
Come se non bastasse, leggi quanto andresti a recuperare dalla banca: una cifra che per te sicuramente è importante perché (ti faranno notare i consulenti del business delle perizie) sono soldi tuoi che puoi farti rimborsare.
Perché lasciarli in regalo alla banca che te li ha 'rubati' mentre ti mandava in fallimento a suon di usura?
Ora sei davvero propenso a proseguire nell'azione contro la banca perché hai letto i numeri: il Sistema Cavallo di Troia ha funzionato perfettamente, ti sei portato in casa il nemico e hai pure ringraziato!
Hai letto i numeri del 'recuperabile' e ti sei deciso a proseguire. Il sistema funziona perché questi numeri sono approssimativi, basati su criteri che sono pochi e pure inutili dato che ai giudici non interessano per valutare di concederti un rimborso da parte della banca

IL SISTEMA CAVALLO DI TROIA TI PORTA ALL'AUTOLESIONISMO: L'IMPRENDITORE VUOLE PASSARE A PERIZIA? SI', MA COSA RISCHIA...

Il Sistema Cavallo di Troia funziona: la preanalisi o l'estratto peritale è gratis e quindi te lo porti a casa.
Poi quando leggi le cifre (che sono alte perché decisamente inattendibili) ti stupisci a tal punto da perdere la ragione: vuoi proseguire e recuperare questi fantomatici soldi.
L'azienda del business delle perizie è contenta perché sta acquisendo la tua fiducia ma non è soddisfatta perché non ha ANCORA guadagnato NULLA da te.
Chi fa business però è scaltro e quindi preparato a sciogliere i tuoi prossimi dubbi. Le aziende del business delle perizie prevedono le tue mosse perché il sistema l'hanno creato loro!
Se vuoi recuperare i soldi devi passare a perizia, cioè commissionare un elaborato ufficiale, spendibile legalmente, che certifichi le cifre e gli illeciti emersi dalla preanalisi.
La perizia ha un costo e in più, una volta recuperati i soldi dalla banca (sempre che li recuperi), devi versarne una percentuale all'azienda che te li ha fatti prendere.
Questa percentuale sul risultato ottenuto si chiama success fee (una commissione sul successo raggiunto) ed è una clausola contrattuale che usano praticamente tutte le aziende che operano nel settore: è come se ti dicessero che il grosso del guadagno glielo dai in base al risultato che ti fanno ottenere, concetto sacrosanto SE E SOLO SE hai a che fare con persone specializzate ed oneste.

VOGLIO MA NON POSSO

Arrivato a questo punto vuoi passare oltre MA il grande

ostacolo è il prezzo.

Per spingerti all'acquisto ti viene spiegato che è un costo necessario, che serve solo a pagare il perito e le spese vive, che è al di sotto dei prezzi di mercato, che il guadagno vero arriva con la success fee...

È vero che la perizia è un elaborato costoso, MA SOLO SE è stata fatta da uno specialista e contiene le informazioni matematico-giuridiche che faranno aumentare le tue probabilità di vittoria nella trattativa con la banca.

Non certo se è un'accozzaglia di poche paginette sfornate a ciclostile, copia-incollate e basate solo su usura e anatocismo! In ogni caso per te costa tanto.

UNA FARSA COSTOSA

Allora sai cosa hanno escogitato per fregarti meglio? Ecco lo stratagemma: ti diranno che INCLUSO nel costo della perizia c'è l'avvocato!

Peccato però che non è esattamente così...

Forti del fatto che tu non sei un intenditore di giurisprudenza, omettono o dicono poco chiaramente che l'avvocato è incluso solo per la FASE LEGALE STRAGIUDIZIALE e non per tutta la causa.

Te lo traduco in modo semplice: la stragiudiziale è una fase che precede la causa e anzi serve ad evitarla perché è un periodo di tempo in cui il tuo avvocato cerca di trovare una soluzione bonaria con gli avvocati della banca in modo da chiudere velocemente la controversia.

Il momento più importante è la MEDIAZIONE, periodo in cui, se tutto va bene, la banca decide di pagarti (probabilmente una cifra più bassa di quella che le chiedi).

Insomma questa fase stragiudiziale sembra importante, no? Se è inclusa nel costo della perizia giustifica l'esborso, vero? La risposta è NO!

In TEORIA la stragiudiziale è una fase importante, peccato

però che in PRATICA la mediazione è una farsa!
La mediazione (occhio al condizionale) SAREBBE utile se le banche vi partecipassero ma purtroppo non lo fanno quasi mai e, nei casi in cui lo fanno, spesso decidono di NON darti i soldi che ti spettano.
Per serietà quindi bisognerebbe NON far conto sulla mediazione, invece le aziende del business delle perizie ti spiegano che è una fase fondamentale in cui le banche ti pagheranno almeno una parte di ciò che chiedi e per di più lo faranno nel giro di pochi mesi.

Sai perché te la buttano giù in questi termini? Per invogliarti ad acquistare la perizia, ben sapendo che la qualità tecnica ed il servizio offerto non giustificano l'esborso!
Ora che hai capito perché generalmente la mediazione è una farsa ti rivelo un altro dettaglio: ci dovrai pure rimettere dei soldi EXTRA.
Infatti quello che molto probabilmente non ti diranno
chiaramente se cadi nel business delle perizie è che per andare in mediazione bisogna pure pagare e, indovina un po', le spese sono a carico tuo!
Una farsa piuttosto costosa, non credi?

DOPO IL DANNO LA BEFFA, O MEGLIO, DOPO LA PREANALISI LA PERIZIA

Visto che non te ne intendi di diritto bancario non puoi fare altro che credere a quello che ti raccontano i consulenti delle aziende del business delle perizie e visto che sei incazzato con la banca probabilmente ti fiderai di chi ne parla male.
La preanalisi era gratuita quindi l'hai fatta fare; la perizia costa un bel po' però ti hanno garantito che è incluso l'avvocato (per la fase iniziale), quindi è un buon affare.

La cosa che ti frena ora è il success fee, quella percentuale che devi dare all'azienda una volta conclusa positivamente la trattativa con la banca.
Chi ha creato il Sistema Cavallo di Troia sa come giustificare l'esborso

per convincerti a comprare la perizia: ti diranno che il success fee è necessario per pagare gli avvocati, i periti o i tecnici che servono per andare in trattativa con la banca e che sono costosissimi.

E poi ti faranno anche notare che quelli che ti faranno recuperare sono soldi che non sapevi neanche di poter riavere indietro, è come se li avessi trovati per strada, e che per ottenerli basta che ne versi una parte a loro: il success fee.
E così firmi il contratto per comprare il tuo biglietto per quello che ancora non sai che si rivelerà il viaggio della speranza.

COMPRO LA PERIZIA E NON CI PENSO PIÙ... FORSE

Dopo aver comprato la perizia arriva il momento del fatidico appuntamento con l'avvocato.
Se non lo sapevi già, scoprirai in quel momento la prima sorpresa: le spese di mediazione sono a carico tuo.
Firmi il mandato per la mediazione o, con parole meno tecniche, dai l'ok affinché il tuo legale inizi la trattativa con la banca e poi aspetti con trepidazione l'esito di questa azione, quella per cui ti sei imbarcato in questa avventura con lo stesso stato d'animo di un bambino che spera che arrivi Babbo Natale e pure con un regalo bello grosso.

Mi dispiace deludere le tue aspettative ma il tuo avvocato lo sa già l'esito di questa azione: un eclatante BUCO nell'acqua. Se sei uno che settimanalmente azzecca un terno al lotto, probabilmente ti andrà bene anche con la banca: magari si presenta in mediazione e decide pure di darti indietro un po' dei soldi che le hai chiesto.

Ma se sei nella media degli esseri umani normali ti dico come stanno le cose: molto probabilmente la banca non si presenta e, anche se lo fa, hai scarsissime possibilità che ti stacchi l'assegno dei tuoi sogni.

Altro che 'compro la perizia e non ci penso più': se firmi un contratto con le aziende del business delle perizie, puoi dire addio alle tue speranze perché quest'anno Babbo Natale non passa!

LA PERIZIA ERA SOLO L'INIZIO: METTITI L'ELMETTO E PREPARATI AL PEGGIO PERCHÉ IL DIFFICILE DEVE ANCORA VENIRE

Insomma hai firmato un contratto pensando che in pochi mesi avresti avuto indietro molti soldi senza doverti preoccupare di nulla, mentre ora ti ritrovi ad aver sborsato una bella cifra per niente, visto che la mediazione è stata un buco nell'acqua.
Siamo arrivati alla fase successiva del Sistema Cavallo di Troia, quella in cui bisogna vendere all'imprenditore la sonora sconfitta come una luccicante opportunità.

Preso atto che dalla banca non hai ottenuto quello che speravi, i consulenti delle aziende del business delle perizie ti spiegheranno che la banca è cattiva perché non solo ti ha 'rubato' dei soldi, ma ha pure disertato la mediazione scegliendo di non ammettere la sua colpa e quindi di non restituirti nulla.
Attento a cosa ti diranno: "Adesso la portiamo in causa, così le facciamo vedere noi, così impara a rubarti i soldi e non presentarsi neanche in mediazione!
Vinciamo la causa e ci facciamo restituire tutti i soldi che ci deve, non più solo una parte!".

Premesso che se ti sei ficcato in questa situazione da incubo è esclusivamente colpa dell'azienda con cui hai firmato il contratto, bisogna riconoscere che passare al contrattacco rincarando la dose anziché semplicemente ammettere le proprie colpe è un colpo di genio commerciale.
Ora ti convinceranno a fare causa alla banca spacciandotela come grande opportunità e, con tutto il pelo sullo stomaco che hanno, ti

lanceranno senza il minimo scrupolo a tutta velocità contro 2 problemi:

1) la causa è a carico tuo.

Questa non è più la fase stragiudiziale, questa è la causa, tutta un'altra storia.
L'avvocato che ti segue in questo processo che può durare anni è un costo aggiuntivo e te lo paghi tu!
Sappi che per sostenere una causa ci saranno delle spese extra, sempre a carico tuo. Per esempio dovrai pagare una cifra in base a quanto dichiari di voler recuperare dalla banca.
Il success fee rimane valido e quindi oltre alla spesa per l'avvocato e a tutti gli extra, SE alla fine recuperi qualcosa, una bella fetta la regali all'onestissima e preparatissima azienda che ti ha spinto in questo incubo.

2) la perizia con cui vai in causa è di qualità PESSIMA.

Gli avvocati e i periti bravi che fanno aumentare le tue probabilità di vincere la causa ci sono, ma NON SONO QUELLI CHE HAI INGAGGIATO TU STRAPAGANDOLI RISPETTO AL LORO VALORE!
Essendo caduto nel Sistema Cavallo di Troia, ti ritrovi in una cosa estremamente delicata e pericolosa come la causa contro la banca, difeso da un avvocato NON specializzato in diritto bancario e senza la necessaria esperienza, armato di una perizia che contiene cifre, criteri e formule di cui il giudice probabilmente non terrà conto.
E la banca ringrazia...

CHE SARESTI ANDATO IN CAUSA LO SAPEVANO GIÀ TUTTI... TRANNE TE

Fin dal tempo della preanalisi, primo passo del Sistema Cavallo di Troia, l'azienda del business delle perizie sapeva già che saresti andato in causa contro la banca.
Ma se te l'avesse rivelato in quel momento e ti avesse pure elencato tariffe e costi a carico tuo, non avresti mai accettato. Invece "Cavallo di Troia" è un sistema a step graduali che ti mette nelle condizioni psicologiche di accettare alla fine di far causa alla banca.

Siccome ti rifiuteresti di ingoiare un polpettone avvelenato in un colpo solo, il Sistema Cavallo di Troia è studiato maliziosamente per farti mandar giù piccoli bocconi amari poco alla volta e diluiti nel tempo, in modo da renderti in grado di sopportare le brutte notizie e fregature che ti verranno appioppate, fino a farti AUTO-convincere che i consigli delle aziende del business delle perizie sono giusti e ti saranno d'aiuto.

DOVE FINISCONO I SOLDI CHE SONO RIUSCITI A SPILLARTI?

Pagando la perizia tu remuneri l'azienda che te l'ha venduta, il perito che l'ha fatta, il venditore che ti ha proposto l'acquisto. L'avvocato non ha costi per la mediazione, dato che non si fa quasi mai.
Infatti il legale lavora durante la causa e quindi non ha ancora preso soldi in questa fase.
Poverino... Non vorremo lasciarlo a bocca asciutta?
I soldi glieli dai tu separatamente con il mandato per la causa!
Ecco perché le aziende del business delle perizie spingono fortemente per la causa, così ottengono il favore di molti avvocati (che si vedono

arrivare nuovi clienti) sparsi su tutto il territorio che permettono loro di gestire migliaia di clienti in diverse aree geografiche.

Il patto è questo: l'azienda porta i clienti e l'avvocato presta suoi servizi.

Oltretutto molti di questi avvocati non devono neanche faticare molto visto che le pratiche le fanno seguire ai loro giovani aiutanti inesperti.

TI HAN DETTO CHE LA CAUSA LA VINCI DI SICURO: MA DAVVERO CI CREDI?

Hai imboccato strade che non avresti mai immaginato, come la trattativa con la tua banca, hai imparato termini dal suono bizzarro come 'anatocismo', ti sei barcamenato tra preanalisi, estratti peritali e perizie, hai speso un sacco di soldi sulla fiducia ed è andato tutto male.
Ma questa incredibile odissea non l'hai vissuta per niente: sei arrivato a un punto da cui uscirai vincitore. (O no??)

Ti hanno detto che la causa la vinci perché hai in mano una perizia i cui dati li hanno elaborati a partire dai documenti ufficiali forniti dalla banca.
Ma le cose stanno diversamente, infatti la perizia è un elaborato di scarsissima qualità e i dati risultanti sono inattendibili agli occhi dei giudici, tanto che difficilmente ne terranno conto per concederti un rimborso.
Il problema drammatico che ti trovi ad affrontare è che sei a un bivio:
- o ti fermi dopo aver perso la mediazione, che significa aver buttato via i soldi della perizia e le spese extra.
- o vai in causa, con la sola speranza di vincere ma con la certezza di dover spendere ancora un sacco di soldi tra avvocati ed extra.
Il sistema cavallo di Troia è studiato sufficientemente bene per farti propendere per la seconda soluzione.
Infatti piuttosto che perdere i soldi della perizia decidi di andare

avanti.

Ecco fatto, ora sei in causa con la banca, è una cosa più grande di te, sei così convinto di farlo che pur di proseguire hai pagato i costi di tasca tua.
Cosa mai potrebbe andare storto? Tutto.
Che il giudice non tenga in considerazione la perizia, che il tuo avvocato non sappia argomentare le giuste motivazioni per difenderti perché è inesperto oppure perché non le trova nella tua perizia di scarso valore, che devi pagare le spese alla controparte se perdi.
Certo che se hai fatto un'assicurazione forse le spese non le paghi, ma non era meglio che andasse tutto liscio come l'olio senza bisogno di assicurazioni?
Ora capisci come il Sistema Cavallo di Troia è ben congegnato fin dall'inizio per portarti dove non ti saresti mai immaginato di arrivare?

CAPITOLO 6

IL MULTI-LEVEL PER APPIOPPARE BIDONI A CHI HA PROBLEMI CON LA BANCA

UNA MACCHINA PERFETTA CHE VA VENDUTA

Il sistema cavallo di Troia funziona indubbiamente molto bene e fa arricchire le aziende del business delle perizie.
Psicologicamente è architettato in modo perfetto e soddisfa tutti: le aziende, il venditore delle aziende, i periti, gli avvocati.
Per fare numeri pazzeschi manca ancora qualcosa: venderlo a tappeto.
La scelta è tra personale selezionato, pochi consulenti formati e professionali che gestiscono tanti clienti oppure una marea di venditori improvvisati che gettano le reti e raccattano quanti più clienti possono.
Le aziende del business delle perizie scelgono di fare grandi numeri per guadagnare sempre di più e lo fanno sfruttando i venditori.
Come hanno organizzato la rete vendita?

QUI SONO AMMESSI SOLO VENDITORI IMPROVVISATI E SENZA SCRUPOLI

Le aziende del business delle perizie guadagnano solo grazie ai venditori che vanno in giro a cercare i clienti, proporre il servizio e chiudere i contratti.
In questo sistema di vendita è il commerciale che tiene in piedi

l'azienda: senza venditori non ci sarebbero incassi.

Seguendo il ragionamento che 'potenzialmente ogni venditore può portare dei clienti', le aziende del business delle perizie hanno deciso di aprire le porte e ingaggiare come venditore CHIUNQUE lo volesse.

Siccome non richiedono né il curriculum né esperienza nel settore, possono entrare tutti, dal pensionato al ragazzino, purché conoscano qualche imprenditore o qualche privato che abbia fatto un finanziamento, per potergli proporre il servizio.

Parliamoci chiaro: chi non conosce qualcuno che ha la partita Iva o che ha fatto un mutuo?

E quindi porte aperte a TUTTI: studenti, fabbri, marinai, pensionati, ingegneri, attori, falegnami, bancari, commercianti, massaie, gelatai, domatori di leoni, eccetera eccetera
Tutti, ma proprio tutti possono diventare venditori di un'azienda del business delle perizie!

Una variopinta combriccola accomunata dallo stesso hobby: venderti una perizia.
Qualcuno lo fa a tempo pieno, qualcuno part-time, altri saltuariamente.
Tutti lo fanno perché ogni volta che vendono una perizia guadagnano una provvigione.

Ma il diritto bancario è una materia specialistica: prima gli operatori erano rari mentre ora sono tantissimi, fin troppi, ma non sono specializzati.
Sono persone non qualificate che vendono Perizie per guadagnare provvigioni e far carriera in azienda per guadagnare ancora di più.

AFFAMARE LE BELVE

Ci sono allevatori che premiano i loro cani con un croccantino quando stanno seduti.
Il cane associa il suo guadagno all'azione impartita. Le aziende del

business delle perizie premiano e pagano i venditori solo e soltanto se vendono perizie.
Il venditore ha in mente solo un'azione da fare: vendere perizie. Escogiterà lui il modo di farlo, ben sapendo che è l'unica cosa da fare per guadagnare e fare carriera.

NEL BUSINESS DELLE PERIZIE I VENDITORI VENGONO RECLUTATI COME FANNO I PIRATI PER FORMARE UNA CIURMA: PORTE APERTE A TUTTI E PIÙ SONO SPIETATI PIÙ CI PIACCIONO!

Se tutti i venditori italiani fossero pacati consulenti ligi alle regole, allergici alle truffe e all'inganno, contrari alle scorciatoie, gli imprenditori potrebbero dormire sonni tranquilli.
Ma se fosse così questo servizio non verrebbe proposto a destra e a sinistra a chiunque, fatto comprare anche chi non ne ha
bisogno.
Aprendo le porte a tutti e prospettando a chiunque possibilità di carriera e guadagno, potenzialmente si reclutano migliaia di venditori, ognuno dei quali può contattare centinaia di
imprenditori, vendergli decine di perizie, anche se non ne hanno bisogno o li mettono in pericolo con le banche.
Oltretutto come fa a campare un venditore se non gli paghi le spese o uno stipendio fisso? Guarda caso ancora una volta deve vendere Perizie!
E se le provvigioni sono basse? Sarà doppiamente affamato e determinato a chiudere contratti a qualunque costo e in grande quantità.
Se vuole pagare le bollette deve vendere una perizia, fosse anche a uno che non ne ha bisogno.

I VENDITORI DELLE AZIENDE DEL BUSINESS DELLE PERIZIE HANNO UN OBIETTIVO SEMPLICE E CHIARO INCULCATO NELLA TESTA: VENDERE PERIZIE!

Senza barriere all'ingresso e regole particolari, il venditore deve solo concentrarsi sul vendere perizie.
I commerciali non sono dipendenti, così tanti ne entrano quanti ne escono.
C'è un riciclo continuo, così le aziende del business delle perizie si garantiscono di sopravvivere anche se dovessero subire una grossa fuoriuscita di collaboratori.
Questo permette anche di sfruttare al massimo l'entusiasmo di chi è appena entrato e quindi ha una gran voglia di vendere Perizie a chiunque, affamato dalla prospettiva di guadagno e carriera: fa niente se dopo qualche mese molla il colpo e lascia l'azienda, all'inizio qualche contratto l'ha chiuso.
Altro enorme vantaggio del riciclo è che quando il venditore porta clienti, l'azienda ne registra e conserva i dati.
Se il venditore cambiasse mestiere in futuro, il cliente rimarrebbe comunque all'azienda.
Tecnicamente parlando le aziende del business delle perizie adottano come sistema di acquisizione clienti la sola forza e creatività dei venditori.
In parole povere prende venditori a caso, li manda in giro a spese loro, gli frega i clienti e li paga una miseria se e solo se si chiudono contratti.

IL SALTO DI QUANTITÀ

Come ti ho rivelato, le aziende del business delle perizie adottano come sistema di acquisizione clienti la rete vendita.
Per aumentare il numero di venditori e mantenere alto il livello di riciclo non mettono barriere all'ingresso.
Questi trucchi portano effettivamente clienti e guadagni, ma per fare la differenza c'è bisogno di altro.
Sai che in gergo si dice 'fare il salto di qualità'?
Le aziende del business delle perizie invece cercano con determinazione di fare il salto di QUANTITÀ.
Cercano di fare grandi numeri perché non hanno e
coscientemente non vogliono la qualità.
Infatti offrono servizi, prodotti e trattamenti pessimi per tenere bassi costi.

Salto di quantità vuole dire non accontentarsi di una normale rete vendita ma espandersi il più possibile, in maniera sistematica ed esasperata, fino a creare un esercito.
Il ragionamento che fanno le aziende del business delle perizie è questo: "se mando in giro 10 venditori guadagno poco, se ne mando in giro 100 guadagno tanto, se ne mando in giro 1000 faccio la differenza, se mando in giro un esercito di 10.000 venditori guadagno tantissimo e mi impongo come l'azienda più famosa e potente del settore, come leader di mercato".

Un esercito di venditori in giro vuol dire migliaia di persone che con iniziative personali vanno a parlare ad imprenditori e privati facendo un'enorme pubblicità a costo zero all'azienda che li ha ingaggiati.

Un esercito che nomina migliaia di volte al giorno la stessa azienda dà la percezione alla gente che quell'azienda sia grande, forte e radicata.

L'ESERCITO DEI CLONI

Le aziende del business delle perizie per fare il salto di

quantità e creare un esercito di venditori hanno bisogno di:

- un sacco di persone che vendono perizie
- innescare la 'duplicazione'

Che cos'è la duplicazione? Una persona che lavora per un'azienda del business delle perizie può avere dei collaboratori, cioè può proporre ad altre persone di lavorare per la stessa azienda. Il vantaggio è che quando il suo collaboratore vende una perizia lui ci guadagna.
    In poche parole l'azienda ti premia se recluti altri venditori che come te andranno in giro a vendere perizie.
Un po' come capita nel settore della telefonia dove ti dicono 'porta un amico in "Vodafone"': se fai abbonare delle persone alla compagnia vieni pagato.
    La differenza è che nella telefonia fai spendere pochi euro per un servizio che puoi modificare in qualsiasi momento e non ti cambia la vita, qui invece spingi un imprenditore a fare causa alla propria banca, qualcosa di delicato e pericoloso, più grande di lui, un punto da cui non si torna indietro.

MULTI-LEVEL PERICOLOSAMENTE ALL'ITALIANA

Se tu sei un venditore e recluti una persona, quando questa vende una perizia l'azienda riconosce a TE una provvigione, cioè un premio in denaro.
    Praticamente ti gratifica per aver reclutato un altro venditore che vende perizie e che quindi porta guadagno in azienda. Più il tuo collaboratore vende, più tu guadagni.
Questo incentivo spinge chi lavora per le aziende del business delle perizie a incoraggiare i propri collaboratori a vendere sempre di più e a tutti.

A sua volta il tuo collaboratore può reclutare altri venditori che saranno i SUOI collaboratori: se questi vendono, lui guadagna. Lo scenario è questo: ogni persona che lavora per un'azienda del business delle perizie può reclutare infiniti collaboratori che, a loro volta, possono reclutare infiniti collaboratori.
La rete vendita sembra una catena infinita, un grappolo di venditori senza fine, tutti concentrati a vendere perizie e a farle vendere ai propri collaboratori.

Ci sono aziende che costruiscono la propria rete commerciale con criterio per raggiungere determinati obiettivi: rendere le competenze accessibile ai più, delocalizzare il servizio offerto, aumentare il numero di professionisti in modo da rendere fluidi i processi, ecc...
Invece la rete commerciale delle aziende del business delle perizie è costruita solo per reclutare una marea di venditori che vendono una marea di perizie e spingono i propri collaboratori a fare lo stesso.

Il fatturato di queste aziende dipende solo da quanto produce la propria rete commerciale, ecco perché gli incentivi sono legati esclusivamente alla vendita delle perizie.

TANTO PIÙ UN PITBULL È SPIETATO E DETERMINATO, QUANTO PIÙ VERRÀ RICOMPENSATO CON UNA BELLA BISTECCA ALLA FINE DEL COMBATTIMENTO

Ogni venditore è incentivato a:

- vendere perizie
- reclutare altri venditori che vendano perizie

Sia che la perizia la venda lui, sia che la venda il suo collaboratore, il venditore guadagna comunque una percentuale.

Alcune aziende del business delle perizie prevedono un piano carriera oltre alle provvigioni.

Cioè se il venditore vende un numero enorme di perizie in un dato periodo (per esempio un trimestre) raggiunge un livello di carriera che gli permette di guadagnare provvigioni più alte. Se lui e la sua rete di collaboratori vendono ANCORA PIÙ perizie, raggiunge un migliore livello di carriera guadagnando provvigioni ancora più alte.

Seguendo questo criterio puoi riconoscere un alto dirigente di un'azienda del business delle perizie dal numero di imprenditori a cui ha fatto fare causa alla propria banca, armandoli di una perizia venduta secondo il sistema cavallo di Troia.
Ancora una volta l'unico incentivo è la vendita delle perizie... Ecco perché la mia azienda ha deciso di permettere ai venditori di avere pochi collaboratori e ben formati in diritto bancario, che abbiano un'utilità, come per esempio coprire delle zone specifiche per essere d'aiuto ai clienti più lontani.

SE FAI PARTE DEI BUONI, NON SPERARE DI GUADAGNARE CON IL BUSINESS DELLE PERIZIE

Se stai valutando di lavorare per un'azienda del business delle perizie usa 2 criteri per decidere:

1) quello tecnico-professionale.
Quasi tutte le aziende del business delle perizie per appioppare contratti a chiunque usano il Sistema Cavallo di Troia per due ragioni:
- vogliono guadagnare tanto e per questo tengono i costi bassi sacrificando coscientemente la qualità, azzerando la specializzazione e abbandonando al loro tragico destino i clienti nel post-vendita.
- con tutta la buona volontà che ci possono mettere, la

specializzazione e la capacità tecnica proprio non ce l'hanno.
Non sottovalutare l'aspetto tecnico: la mia azienda ha impiegato anni per comporre la squadra di specialisti di esperienza in grado di essere utili a risolvere i problemi degli imprenditori con le banche.

2) quello economico.
Se vuoi provare a guadagnare con il business delle perizie ricordati che tutto, ma proprio tutto è a carico tuo.
Tu usi i tuoi mezzi per trovare i clienti.
Per andarli a visitare spendi tu per benzina e macchina.
Telefonate, pc e internet sono a carico tuo.
Se occorre fare fotocopie o qualcosa di non previsto, devi pensarci tu.
Ti viene in mente qualcosa che possa essere utile per arrivare a vendere una perizia?
Ecco, probabilmente anche quello è a spese tue!
Se il tuo intento è guadagnare saltuariamente qualche provvigione avrai forse poche spese ma se vuoi provare a fare di questa attività una professione remunerativa, metti in conto un grosso investimento iniziale di cui non sai se e quando rientrerai.

E tutto questo esborso di soldi ed energie serve solo a crearti il tuo giro di clienti, senza contare poi la difficoltà di vendere le perizie!

PENSAVI FOSSE UN'OPPORTUNITÀ DI LAVORO INVECE ERA UNO SPREMI AGRUMI

Per ottenere il massimo risultato con il minimo sforzo le aziende del business delle perizie spremono i venditori come limoni, caricando sulle loro spalle i costi e i modi per trovare i clienti.
Aggiungici la difficoltà di far conoscere il servizio: non tutti sanno cos'è il diritto bancario e come possono usufruirne e, se non lo conoscono loro glielo devi far conoscere tu!

Far conoscere il servizio è un compito che spetta all'azienda

per cui lavori: se vai in giro a vendere coca-cola stai sicuro che la conoscono tutti perché l'azienda investe in pubblicità, ma se vendi perizie è tutta un'altra storia purtroppo per te...
Ricade su di te anche la gestione dei problemi durante la raccolta dei documenti da analizzare: spesso servono integrazioni o chiarimenti che ti costringeranno a fare viaggi a vuoto.

Tutto questo tralasciando l'aspetto emotivo e della reputazione: appena c'è qualche disguido indovina di chi è la colpa? Tua! E per qualsiasi magagna il cliente chi chiama? Te!
Dopo tutta questa fatica, ammesso che ti sia rimasta ancora un po' di forza, SE vendi una perizia sappi che il grosso del guadagno se lo intasca l'azienda che ti ha spremuto, in alcuni casi addirittura l'85%.

Insomma del tuo ottimo lavoro ti rimangono le briciole, da cui devi togliere le spese e le tasse.
In parole povere le aziende del business delle perizie ti usano come carne da macello.

AFFAMARE IL COMBATTENTE GLI FARÀ TIRAR FUORI ENERGIE INASPETTATE

Appena il venditore si accorge di queste difficoltà capisce che per guadagnare deve contattare quanta più gente possibile per proporre quante più analisi gratuite può, spingendo poi senza scrupoli per trasformarle in perizie vendute.
Praticamente deve gettare una grande rete e poi fare pesca a strascico: prende quello che c'è e da lì spera che qualcosa di buono salti fuori.

Questo non è un modo di lavorare mirato ma CASUALE. Pur di vendere si contatta chiunque, cercando di appiopppargli qualsiasi cosa, anche ciò di cui non ha bisogno o che potrebbe metterlo in pericolo.

HELL'S BELLS: POTREBBE ESSERE IL TUO TURNO

Il venditore ragiona così: gettata la rete inizia la raccolta, alcuni clienti non sono interessati all'argomento ma altri sì. Di questi, alcuni non accettano di fare l'estratto peritale, altri sì. Di questi, alcuni fanno la perizia, altri no.
Certe aziende del business delle perizie danno dei bonus in euro al venditore che chiude un certo numero di perizie in un periodo di tempo stabilito (per esempio un mese o un trimestre).

Quindi il venditore è totalmente influenzato da questa opportunità quando va in giro ad appioppare perizie. Facciamo un esempio, mettiamo che se non chiude una perizia nei prossimi 3 giorni salta il bonus e quindi tutto il suo grande lavoro di settimane va in fumo a pochi centimetri dal traguardo. Capisci con quanta determinazione cercherà a tutti i costi di chiudere un contratto?

Metti che tu sei l'imprenditore che tramite quel venditore si è fatto fare la preanalisi gratuita.
Non vorrei essere nei tuoi panni, perché cercherà di convincerti fino alla morte a comprare la perizia. Ma il problema non sono tanto i soldi da spendere quanto le tragiche conseguenze a cui vai incontro!

Magari hai una garanzia o un'ipoteca in ballo, magari rischi il rientro dei fidi, magari i fornitori ti stanno alle calcagna o hai qualche arretrato con l'agenzia delle entrate e NON PUOI permetterti di sbagliare strategia con le banche!
Ti rivelo un segreto: se vai in trattativa con la banca supportato da specialisti esperti di diritto bancario, anche se sei in una situazione di equilibrio precario, hai ottime probabilità di uscirne indenne. Ma se sei caduto nel Sistema Cavallo di Troia, le tue possibilità di salvare la pelle sono ridotte al lumicino!
Se prima avevi solo dei problemi con le banche e ti affidi alle aziende

del business delle perizie stai sicuro che invece di risolverli ne andrai a creare di estremamente gravi.

Posso capire che le preoccupazioni lavorative, il rapporto con la banca e il nervosismo quotidiano ti portino in una situazione di estrema preoccupazione che ti toglie la lucidità per prendere una decisione saggia...
Forse è la disperazione che ti porta a fidarti di un venditore che fa solo finta di avere a cuore la tua situazione personale e lavorativa, quando in realtà vuole solo venderti la perizia grazie a cui incasserà il bonus in euro con cui pagherà le bollette di casa.
In ogni caso ti ho avvertito: FAI ATTENZIONE perché potrebbe essere il tuo turno...

SE VUOI SALVARTI LA PELLE NEL CONFRONTO CON LA BANCA EVITA COME LA PESTE I GENERALISTI E PRETENDI SOLUZIONI SU MISURA PER TE

Come può un'azienda che basa le sue fortune sfruttando una rete vendita costruita con il sistema multi-level aiutarti a risolvere i tuoi problemi con la banca?
Semplicemente non può.
Sebbene il multi-level marketing sia indubbiamente un sistema di vendita efficace, ben visto da grandi esperti di economia e finanza di fama mondiale, l'esperienza pratica dimostra che non si può applicare a tutto.

Ci sono servizi e prodotti che si adattano meglio di altri a questo sistema.

La mia azienda ha scelto di non adottare il multi-level come sistema di vendita per raggiungere velocemente guadagni da capogiro ed ampliare in maniera esponenziale la rete commerciale ma di mettere a disposizione del cliente la specializzazione in diritto bancario che serve a trovare soluzioni su misura per te nell'esserti utile a risolvere i tuoi problemi con le banche.

Quando affronti situazioni nuove come la trattativa sui rapporti bancari sei disorientato perché, non essendo un esperto in materia, non hai abbastanza informazioni per essere sicuro che stai facendo le scelte giuste.

Io capisco questo stato emotivo in cui ti puoi trovare e credo che sapere di essere supportato da specialisti del settore ti sia di aiuto nell'affrontare situazioni delicate.

IL PUNTO DI VISTA DELL'IMPRENDITORE

Avere i debiti con le banche è una cosa difficile da digerire, per rimanere a galla bisogna gestire quotidianamente situazioni delicate.

Quando in ballo ci sono prestiti, garanzie ed ipoteche e là fuori la crisi non sembra voler farti dormire sonni tranquilli, bisogna mantenere i nervi saldi quando si prendono decisioni importanti.

Il diritto bancario è una materia da delegare agli specialisti e proprio perché rappresenta un mondo nuovo per te, devi affidarti ad un parere esterno per prendere decisioni sulla trattativa con la tua banca.

Questa mancanza di autonomia ti rende vulnerabile quindi fai attenzione perché ci sarà sicuramente dietro l'angolo qualche venditore che fiuta l'opportunità di raggirarti lucrando sulle tue disgrazie!

IL PUNTO DI VISTA DEL VENDITORE: CONOSCERE COME RAGIONA IL NEMICO TI PERMETTE DI NON CADERE NEL SISTEMA CAVALLO DI TROIA

Il venditore che opera nel business delle perizie ha un solo obiettivo in testa: venderti perizie!

Lo fa anche se non è un consulente specializzato in diritto bancario e il fatto che potrebbe metterti in SERI GUAI con la banca non placa la sua sete di contratti chiusi.

È pronto ad usare frasi persuasive per convincerti che hai bisogno di fare ricalcoli sui tuoi rapporti bancari anche se non è vero.

Non si fa scrupoli a spedirti in causa contro la tua banca armato di una perizietta di bassa qualità piena di usura soggettiva o anatocismo calcolato nei periodi sbagliati.

La giurisprudenza non è ancora definita al 100% quindi non si può prevedere con certezza come reagiranno la controparte e il giudice alle tue richieste di rimborso: l'unica chance che hai per aumentare le probabilità di vittoria non è ingaggiare un venditore di fumo, ma avvalerti del supporto di specialisti con esperienza in diritto bancario.

Se vuoi fare fortuna nel business delle perizie devi togliere la veste di consulente specializzato per indossare quella di venditore di fumo

Seguendo il mio blog www.imprenditoresicuro.com scoprirai che nel business delle perizie i guadagni e la carriera dipendono unicamente dalla vendita delle perizie.

Il sistema di vendita basato sul multi-level prevede che ogni venditore possa trarre profitto dal lavoro svolto dalla propria rete di collaboratori ed è per questo motivo che i contratti vengono chiusi: non per offrire un servizio agli imprenditori, ma per accaparrarsi provvigioni e bonus.

Siccome i venditori, insieme con la propria rete di collaboratori, devono vendere un numero prestabilito di perizie in un certo periodo di tempo per aumentare guadagni e livelli di carriera, spesso si innescano macabri meccanismi in stile calcio mercato che non hanno niente a che vedere con il diritto bancario.

Ti faccio un esempio: mettiamo che tu abbia 3 imprenditori pronti a comprare una perizia perché la banca sta per portare loro via la casa e sono disperati.

Sapendo che farai il salto di carriera solo se il tuo collaboratore chiuderà 3 contratti entro fine mese, decidi di far firmare i contratti dei tuoi 3 disperati imprenditori a nome del tuo collaboratore, così che risulti che è stato lui a vendere le perizie, con la conseguenza che tu otterrai il tuo agognato livello di carriera.

Quegli imprenditori avevano affidato a te la soluzione ai loro problemi più grandi senza sapere di essere considerati come merce di scambio, sacchi di patate da piazzare dove meglio conviene o semplicemente l'esca per far scattare livelli di carriera o provvigioni più alte.

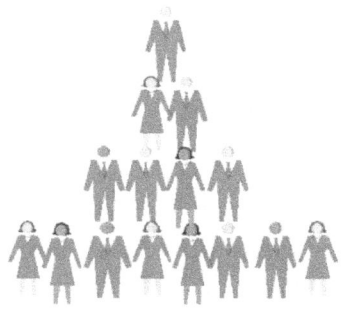

E come se non bastasse, la qualità delle perizie, la specializzazione degli avvocati che li seguiranno e il trattamento post-vendita che riceveranno saranno pari allo zero, cosa che probabilmente li porterà a perdere la causa contro la banca dopo mesi di agonia emotiva.

Ora capisci perché la mia azienda ha scelto di essere un punto di riferimento specialistico nel diritto bancario e non utilizza il multi-level per ottenere guadagni facili ed enormi reti vendita?

UN HOBBY PER RACIMOLARE SOLDI EXTRA CAMUFFATO DA 'SERVIZIO AGGIUNTIVO'

Ci sono consulenti classici come avvocati, commercialisti, associazioni di categoria, ecc... che fanno accordi con le aziende del business delle perizie: si beccano un premio in denaro se convincono i loro clienti a comprare delle perizie.

Ci sono professionisti che per uscire dalla crisi puntano sul marketing e sull'acquisizione di nuove competenze, altri coltivano degli hobby remunerativi come per esempio scrivere libri o articoli.

Ce n'è però in giro un gran numero che per tirar su due soldi ha l'hobby di mandare i propri clienti in causa con le banche perché intasca l'obolo dalle aziende del business delle perizie. Ora leggi bene quello che sto per scrivere.

È perfettamente giusto e normale che un professionista si avvalga di uno studio esterno per offrire un servizio specialistico ai propri clienti.

Quasi nessun avvocato o commercialista è in grado di essere utile ad un cliente in tutte le fasi che lo porteranno a risolvere i suoi problemi con la banca.

Va benissimo che i consulenti propongano agli imprenditori di far causa alla banca attraverso una struttura esterna, a patto che tale struttura sia un laboratorio tecnico-scientifico specializzato in diritto bancario con esperienza pluriennale, e non un'azienda del business delle perizie!

NON ESITARE A PAGARE QUEI PROFESSIONISTI CHE POSSONO AIUTARTI A RISOLVERE I TUOI PROBLEMI

Nonostante tutto il marcio che c'è in giro, il diritto bancario rimane un servizio validissimo ed estremamente specialistico.

Il fattore che per te farà la differenza nell'uscire vittorioso dalla trattativa con la banca è sapere con chi stai lavorando. Anche tra gli avvocati, i commercialisti e le associazioni di categorie ce ne sono di buone: fa la differenza sapere a quale società esterna affidano l'analisi dei tuoi rapporti bancari.
Il sistema cavallo di Troia ha fatto brutta pubblicità al mondo che gira intorno alle analisi, i ricalcoli e le perizie bancarie, ma per un Controllo Completo è giusto pagare perché elaborato da specialisti in matematica finanziaria.

Lo stesso discorso vale per la perizia: è giusto pagarla e pure il success fee se ti porta profitto.
Anche l'avvocato è giusto pagarlo, eccome! Il legale specializzato in diritto bancario che ti seguirà è una delle pedine fondamentali che aumenteranno le tue probabilità di uscire a testa alta dalla trattativa con la tua banca.
Poi parliamoci chiaro: che alternative hai?
Se hai problemi con le banche e non fai nulla per risolverli vai incontro al fallimento.

Se ti affidi alle aziende del business delle perizie cadendo nella trappola del sistema cavallo di Troia sprecherai i tuoi soldi, renderai estremamente pericoloso il rapporto con la tua banca e subirai una pressione emotiva di cui certamente non hai bisogno.
Quindi, a patto che sia specializzata nel settore, è giusto remunerare l'azienda a cui ti sei rivolto a causa dei tuoi problemi con le banche.

USA LA SPECIALIZZAZIONE COME FARO PER FARTI GUIDARE

Quando hai un problema molto delicato, vai sul sicuro: scegli la soluzione che sai che al 90% funziona e non cercare scappatoie di eccezione.
Può capitare che i tuoi problemi al cuore vengano risolti grazie ai consigli di un oculista, non metto in dubbio che al mondo accadano

cose poco probabili o che non ti aspetti, ma se vuoi stare tranquillo fatti aiutare dalle persone che hanno le competenze per risolvere il tuo problema specifico.

I tuoi rapporti bancari sono come il cuore e cioè qualcosa di fondamentale.

Non andare dall'oculista se hai problemi, ma rivolgiti ad un cardiologo.

Questi dovrà essere pagato per salvarti, ma tu non vorrai dirgli nel momento cruciale che hai trovato su internet un professionista che costa meno, vero?

Se mai ne esistesse una, non rivolgerti all'associazione dei medici che per secondo lavoro cura il cuore anche se la loro specializzazione riguarda tutt'altro.

Anche se lo fanno a poco prezzo e anche se per caso hanno ottenuto dei risultati qualche volta, rappresentano sempre l'eccezione e il caso: non credi di meritare di più?

Ti ho fatto questi esempi riguardanti la salute perché i tuoi rapporti bancari sono altrettanto delicati.

Diffida dagli studi di commercialisti, avvocati od associazioni di categoria che si occupano di diritto bancario per secondo o terzo o quarto lavoro.

Forse in giro troverai anche dei prezzi buoni, ma si occuperanno del tuo problema specifico tra un F 24 ed una busta paga... Sei sicuro di non desiderare di meglio per i tuoi delicati problemi bancari?

Poi si rivolgeranno ad avvocati esterni, che magari si occupano delle tue pratiche tra un divorzio ed un sinistro. Guarda che se per andare al risparmio lasci che la banca ti pignori la casa o ti costringa al rientro dei fidi non puoi tornare indietro, non te lo perdonerai mai!

Diffida anche dalle associazioni che ti fanno le analisi gratis o per due soldi perché se vuoi ottenere il massimo, ciò che meriti, devi rivolgerti agli SPECIALISTI, che fanno SOLO quello di mestiere, che

hanno tanta esperienza SOLO in quello.
Usa la specializzazione come faro per farti guidare nella pericolosissima giungla del business delle perizie!

CAPITOLO 7

APPLICA LO SCHEMA O TI FARAI REALMENTE DEL MALE DA SOLO

TRADUTTORE SIMULTANEO: L'IMPORTANTE È CAPIRSI

Come avrai certamente notato il mio linguaggio è un po' particolare, a volte ironico, a volte tecnico, ma questo perché fondamentalmente il mio obiettivo è quello di parlare in maniera semplice di cose complicate e di essere chiaro e schietto quando parlo con te per poterci capire.

La mia lunga esperienza nel settore mi ha insegnato che l'apparenza inganna: non sempre chi parla un linguaggio colto è il miglior professionista e non sempre chi sembra la persona più semplice ed affidabile del mondo è colui che ti vuole davvero aiutare, l'hai notato anche tu?

Ci vogliono informazioni e competenze per sapersi districare in questa complicata giungla infestata da banche che ti vogliono fregare con un linguaggio contorto e di aziende che ti voglio raggirare attraverso il business delle perizie!

L'obiettivo di questo libro è quello di trasferirti in maniera comprensibile tutta la mia esperienza in questo specializzato e complicatissimo settore che è il diritto bancario, nella speranza che ti sia utile a risolvere i tuoi problemi con le banche.

BEATO COLUI CHE E' INDEBITATO CON LE BANCHE

Paradossalmente è proprio nei periodi più complicati che saltano fuori le opportunità migliori, a patto che tu le sappia cogliere e gestire nella maniera giusta con dei consulenti esperti.
Molti imprenditori prima di te hanno trasformato la situazione di indebitamento bancario in una opportunità di guadagno. Attenzione, non sto parlando di investimenti finanziari o soldi facili!
Sto dicendo che se hai dei rapporti bancari hai ottime probabilità di andare a recuperare dei soldi oppure diminuire il debito o opporti a una situazione di emergenza in cui la banca vuole agire contro di te e contro le tue proprietà.
Si può fare eccome, però c'è un problema...
Devi farlo nel modo giusto attraverso gli specialisti giusti. Nei capitoli precedenti ti ho ampiamente descritto come agiscono le aziende del business delle perizie e come è facile cadere nel sistema cavallo di Troia, cosa che ti porterà alla disperazione e ai rimorsi che non ti faranno dormire la notte.
Ti ho anche ampiamente descritto però quali sono i modi per riconoscere il nemico in questa pericolosissima giungla e se non ti bastano questi consigli, hai l'opportunità di seguire uno strumento concreto ed aggiornato come il blog che ho creato per te www.imprenditoresicuro.com.

C'È FRUTTA E FRUTTA: NON TE L'HANNO MAI DETTO I TUOI NONNI?

Non ti è mai capitato di notare la differenza tra un frutto comprato al discount ed uno comprato dal contadino che cura i suoi orti con metodi tradizionali come se fossero i suoi figli?

È vero che una fragola è sempre una fragola ovunque la compri: si tratta di un frutto rosso a forma di cuore, quindi la sai riconoscere visivamente.
Ma quando la assaggi non noti la differenza di qualità tra quella comprata al discount che sa di plastica e quella succosa e saporitissima coltivata con cura dalle mani sapienti di chi ha fatto del suo mestiere una specializzazione?
Succede così anche nel diritto bancario: ormai ti è chiaro che devi assolutamente evitare le aziende del business delle perizie perché ti vogliono solamente fregare.
Ma fai attenzione anche a quei pochi avvocati e commercialisti o a quelle fondazioni, associazioni, movimenti che non agiscono così male come le aziende del business delle perizie, ma che comunque rappresentano la seconda scelta: il discount del diritto bancario.
Ci sono movimenti e associazioni che sono mossi da spirito costruttivo e che quindi non vogliono raggirarti, ma non essendo studi specializzati possono solo arrangiarsi nel fare del loro meglio per risolvere il tuo problema.
Magari ti offrono servizi a basso costo, ma sicuramente fanno fare le analisi e le perizie a un commercialista o a un personaggio che si occupa del problema più delicato della tua vita, come secondo o terzo lavoro.
Ci sono tanti volenterosi ex imprenditori o ex professionisti che quasi per hobby si mettono a disposizione per operare nel diritto bancario a basso costo, ma proprio perché hanno sempre fatto un altro mestiere, non sono degli specialisti.
Siccome ho sempre avuto grande ammirazione e ho portato sempre il massimo rispetto verso gli imprenditori con cui ho lavorato nella mia vita professionale, mi impegno a dirti come stanno davvero le cose e ad incoraggiarti a ottenere il massimo anche per te.
Quando metti mano alla tua situazione bancaria, scegli l'opportunità migliore per risolvere il tuo problema.
Hai solo una chance, indietro non si torna: non esitare a stare

alla larga dal discount quando devi comprare la fragola più buona che mangi in vita tua, vai dritto filato dallo specialista che te la potrà fornire.

In paesi come gli Stati Uniti e la Germania quando una persona ha un problema particolare, si rivolge a consulenti specializzati per risolverlo e mette in conto che questi professionisti abbiano un costo.
Non è un caso che questa mentalità li abbia portati a essere dei paesi vincenti e affidabili dal punto di vista economico!
È un'usanza tutta italiana quella di avere un grave problema e anziché risolverlo definitivamente, costi quel che costi, cercare la scorciatoia alla meno peggio per risparmiare due soldi, con il rischio di trascinarselo dietro e farlo ingigantire nel tempo anziché svanire per sempre.

È semplice: se hai un problema con la banca, vai dallo specialista di lunga esperienza.

INDOVINELLO: FA PIÙ MALE PRENDERE PUGNI E CALCI IN UNA LITE DA PUB O UNA SANZIONE IN UNA LITE TEMERARIA?

Se prendi sottogamba le banche e le azioni legali perché ti piace giocare, è meglio che ti compri la PlayStation perché farai meno danni.
Te lo dico perché se vai in trattativa con la banca senza avere le argomentazioni e le giustificazioni tecnico matematiche necessarie per argomentare le tue richieste, stai rischiando davvero di rovinarti la vita.

Non saresti il primo imprenditore a vedertela con una sanzione per lite temeraria.
Te lo spiego in parole semplici: quando chiami in causa la banca

accusandola di averti sottratto illecitamente dei soldi, devi avere delle prove schiaccianti di cui il giudice terrà conto per trovare una soluzione al problema.

Se invece ingaggi un avvocato sprovveduto che utilizza una perizia di scarsa qualità, vieni punito per aver scomodato banche, avvocati e giudici senza motivo.

Recentemente una persona è stata condannata a pagare decine di migliaia di euro per lite temeraria, oltre ad aver perso la causa contro la banca! (vedi sentenza di Udine 2015).

E non è l'unica! Anzi...

Hai capito perché ci tengo così tanto a darti tutte le informazioni che ti saranno utili per scegliere i consulenti e le strategie studiate su misura per te per risolvere il tuo problema?

L'alternativa è un viaggio di sola andata per l'inferno e infinite notti da incubo piene di rimorsi!

SE SENTI QUALCHE MORALISTA CHE PARLA MALE DELLE BANCHE SCAPPA A GAMBE LEVATE!

La banca è potente, spesso prepotente.

Utilizza un linguaggio difficile da cui non puoi difenderti perché è difficile capirlo e tiene il coltello sempre dalla parte del manico perché tu hai bisogno di lei e quindi per necessità firmi qualsiasi condizione, anche senza leggere quelle clausole scritte in caratteri microscopici.

Per contratto ti dice che applicherà determinati tassi ed interessi, ma poi si scopre che spesso calca la mano pretendendo da te un grande esborso di soldi ingiustificato.

Queste e altre cose le conosciamo benissimo, infatti sappiamo che la banca è una brutta gatta da pelare se ci devi convivere perché ne hai bisogno.

Ma tutto questo non basta per giustificare l'imprenditore che si fa abbindolare dal primo moralista che passa!

Dal 2012 in poi non è più possibile quantificare il numero di persone che pur di farsi notare e pur di vendere qualcosa agli imprenditori si mette a sparare a zero contro le banche
definendole "strozzini, usurai, ladri, poteri forti" eccetera eccetera...

Parliamoci chiaro: è troppo facile sparare a zero contro le banche per accattivarsi le simpatie degli imprenditori!

È lampante che chi lo fa ha un secondo fine!

La situazione si è evoluta così tanto in questi anni che è ormai diventato superficiale e banale prendersela con le banche: ecco perché per essere utile all'imprenditore ho deciso di parlare dei problemi di oggi e di domani, senza soffermarmi troppo sui problemi di ieri.

Questo libro è il primo ed unico in Italia che ti mette in guardia sulla situazione reale che riguarda gli imprenditori oggi, nel momento attuale.

È vero ed è stato dimostrato in tantissimi casi che le banche se ne approfittano e prendono iniziative poco chiare e fanno cose poco legali, ma a questo problema si può porre rimedio affidandosi a degli specialisti.

Il vero dramma, la minaccia che non è ancora così chiara agli imprenditori riguarda il pericolo di finire nel sistema cavallo di Troia e di affidarsi alle aziende del business delle perizie, con la conseguenza di subire il dramma di un rapporto bancario malato prima e la beffa di venire fregati da qualche approfittatore pronto a lucrare sulle tue disgrazie poi.

NON C'È BISOGNO DI NOSTRADAMUS PER PREVEDERE IL PROSSIMO TENTATIVO DI TRUFFA

Questo è il primo libro in Italia che ti mette in guardia dal pericolo vero a cui vanno incontro gli imprenditori che hanno problemi con le banche: il fatto che tu lo stia leggendo vuol dire che sei davvero avanti!

Ma per essere ancora più avanti ti faccio una rivelazione: ti svelo quale sarà la prossima truffa che utilizzeranno gli approfittatori per fare il business.

Siccome nel futuro prossimo diventeranno davvero tantissimi gli imprenditori che avranno bisogno di sistemare i guai causati dal business delle perizie, spunteranno come funghi i paladini della giustizia che diranno di essere differenti dalle aziende del business delle perizie senza avere le capacità tecniche per esserlo davvero.

Saliranno sul pulpito tanti sapientoni che si definiranno 'dei veri esperti, a differenza dei ciarlatani che in passato hanno causato tanti danni'.

Ma la domanda è: perché non si sono fatti vivi prima? Non è troppo facile definirsi esperti con il senno di poi? Non è ignobile cercare di fare business ai danni di chi è già stato fregato sia dalle banche sia dalle aziende del business delle perizie?

Se vuoi stare al sicuro ricordati sempre di tenerti stretto chi ti ha sempre dato contenuti di valore, informazioni utili ed aggiornate, consigli concreti per risolvere i tuoi problemi in modo specialistico.

COLOMBO HA FATTO UN VIAGGIO A VUOTO

Dicono che l'America sia la terra delle opportunità. Ma non è vero! È l'Italia la terra dove tutto è possibile! Cristoforo Colombo ha fatto un viaggio a vuoto: ha superato mille difficoltà, attraversato l'oceano e riscritto la storia per poi accorgersi che il posto più strano e straordinario è proprio quello da cui è partito. Dove lo trovi un altro posto come l'Italia?

Un posto in cui le banche fanno irregolarità sui tuoi conti anche se è proibito per legge, un posto in cui le aziende che ti promettono di risolverti i problemi bancari vogliono solo spillarti dei soldi per poi abbandonarti a te stesso.

Ecco perché non c'è bisogno di andare in America per trovare la Terra dove tutto è possibile, già qui accadono cose che vanno oltre l'immaginazione. Cos'altro potrebbe succedere? Se anche tu credi che le banche e le aziende del business delle perizie abbiano fatto porcate oltre ogni immaginazione, mettiti seduto e fai un bel respiro perché purtroppo c'è di peggio.

Ci sono in giro aziende, consulenti indipendenti, associazioni e altri personaggi che hanno fiutato l'odore del business come i predatori fiutano l'odore del sangue. La loro strategia è quella di intrufolarsi sul campo di battaglia per raccogliere i feriti sopravvissuti al passaggio di quella macchina da guerra chiamata business delle perizie. I feriti sono quei poveri imprenditori che, esasperati dalle banche, hanno sborsato fior fior di quattrini per ingaggiare le aziende del business delle perizie, ricevendo in cambio la promessa di risolvere i problemi bancari, una preanalisi gratuita, una perizia scandalosamente scarsa e un avvocato che (quando si degna di risponde al telefono) li tratta a pesci in faccia.

Questi poveri feriti, fregati prima dalle banche e poi dal business delle perizie sono nei guai fino al collo e sono vulnerabili e incazzati ancora più di prima.

Sei anche tu un ferito scampato al passaggio del business delle perizie se: 1) hai perso la causa contro la banca 2) sei finito nell'incubo chiamato lite temeraria 3) l'assicurazione non ti rimborsa le spese legali perché 'la tua perizia fa schifo' e non si può definire tale 4) l'avvocato ti ha snobbato per settimane 5) hai scoperto che con la perizia che ti hanno fatto puoi farci altri usi, se ci metti sopra il marchio 'foxy' o 'tenderly' 6) pensavi di recuperare i soldi durante la mediazione, che è pure finita male 7) se hai bisogno di qualche informazione sullo svolgimento della tua pratica ti rimbalzano la telefonata da un ufficio all'altro inventandosi scuse per tenerti buono - hai scoperto che il tuo consulente non sa neanche cosa sia un conto corrente ma è solo un venditore di perizie - hai capito di essere finito con tutti e due i piedi nel sistema cavallo di Troia. Se sei un ferito, occhio a chi ti viene a salvare!

PER QUANTO TU SIA FERITO E VULNERABILE, NON PUOI FARTI SALVARE DA UN UOMO VESTITO DA INFERMIERA!

Troverai in giro sempre più spesso dei personaggi così scaltri da aver capito che, spacciandosi per soccorritori, possono scucire gli ultimi soldi rimasti ai feriti.
Ed ecco allora che aziende, consulenti indipendenti, associazioni, ecc indossano i panni dei crocerossini per convincerti che grazie a loro ora sei salvo, dopo che sei stato fregato prima dalle banche e poi dal business delle perizie.

Ti faranno credere che loro sono le persone giuste che ti salveranno dai brutti e cattivi che ti hanno ingannato in passato. Peccato però che in realtà questi personaggi non sono degli specialisti di matematica finanziaria e diritto bancario, quindi sono paragonabili esattamente alle aziende del business delle perizie. Si tratta semplicemente di uomini qualunque che, pur di guadagnare facendo leva sulla tua disperazione, indossano il vestito da infermiera fingendo di volere solo il tuo bene.

Sono personaggi che vogliono scucirti soldi sperando che, parlando male di banche e aziende del business delle perizie, acquisiranno la tua fiducia (e il tuo portafogli). La loro bravura sta più nelle parole che nei numeri: infatti ti lisceranno il pelo facendoti sentire protetto da quei cattivoni che in passato ti hanno fregato, ma non possono garantirti la sola medicina che ti guarirà dalla malattia bancaria e cioè la specializzazione. Come puoi leggere nel blog che ho messo a tua disposizione **www.imprenditoresicuro.com** la banca può picchiarci giù duro quanto vuole ma se tu sei seguito da uno specialista in materia hai enormi probabilità di recuperare i tuoi soldi.

L'unica condizione è che ti affidi a uno specialista vero con esperienza in matematica finanziaria e diritto bancario: non basta uno che 'si spaccia' per esperto ed è più bravo con le parole che con i numeri. Preferisci uno specialista che può esserti utile a lasciarti definitivamente il tuo problema bancario alle spalle, oppure un uomo vestito da infermiera che ti promette di guarire le ferite del tuo passato (dietro l'ennesimo lauto compenso)? Non è una bella immagine vero?

Eppure non ci vuole un indovino per capire che la prossima frontiera della truffa sarà quella di raccattare i feriti per appioppare loro l'ennesima fregatura spacciandosi per esperti e caritatevoli! Col senno di poi, non è meglio pagare UNA VOLTA SOLA uno specialista che ti sia utile a risolvere il tuo problema invece che sprecare soldi, tempo e salute emotiva, ciondolando da un'azienda del business delle perizie all'altra?

CONCLUSIONI

In questo libro hai capito una cosa fondamentale che ti aiuterà a risolvere il tuo problema con banca: lo schema da seguire è diviso in 3 semplici tappe obbligatorie chiamate 'Controllo Completo', 'Perizia' e 'Avvocato'.
Il problema è riconoscere gli asini ben vestiti dai veri specialisti di matematica finanziaria e diritto bancario che ti possono supportare in modo vincente nel tuo percorso verso la trattativa con la banca.
Abbiamo visto che internet è talmente pieno di personaggi che si spacciano per esperti che è più facile sbagliare che azzeccare il consulente che fa per te. Siccome però un piccolo sbaglio contro un colosso spietato come la banca ti costerà caro e salato rovinandoti la vita e prosciugandoti le casse per generazioni, abbiamo capito quanto sia importante avere le informazioni giuste per evitare di cadere in un incubo senza fine.

Ecco perché la prima cosa che devi fare è scaricarti la Guida Gratuita che ho scritto per te per esserti utile ad orientarti in questa giungla di ciarlatani e falsi esperti e per trovare facilmente e definitivamente gli specialisti che ti aiuteranno a lasciarti alle spalle una volta per tutte l'incubo della banca, in totale sicurezza.

Cinque rane sono sedute su un tronco. Tre decidono di saltare via. Quante ne rimangono?
Cinque. Hanno deciso di saltare, ma non hanno mai saltato.
Sfortunatamente, molti imprenditori sono "rane". Sanno che hanno bisogno di curare i loro rapporti bancari, ma non saltano mai. La loro decisione non si trasforma mai in azione.
Ironicamente, alcuni imprenditori rimandano il controllo sui loro rapporti bancari perché continuano a cercare e pianificare e programmare e a cercare su Google... ma non fanno mai nulla.
Semplicemente procrastinano facendo sembrare che stiano

"decidendo".

Cosa stai aspettando?! Alzati immediatamente e corri a controllare se hai dei debiti con la banca, raccogli la documentazione e fai un Controllo Completo: è probabile che la banca ti debba dei soldi! Hai dei rapporti bancari chiusi? Li possiamo analizzare lo stesso! Purché non siano chiusi da più di 10 anni. Recuperare soldi da un conto corrente chiuso è come trovare un tesoro sepolto.
Non hai più la documentazione? Corri in banca e fattela restituire! È obbligata per legge a ridarti tutto quello che riguarda gli ultimi 10 anni.
Cosa aspetti ad applicare lo schema 'Controllo Completo-Perizia-Avvocato'? Ora che hai tutte le informazioni necessarie le tue probabilità di vincere il confronto con la banca schizzano alle stelle!

Tieniti informato leggendo costantemente il mio blog www.imprenditoresicuro.com e seguendo Imprenditore Sicuro sui social network: ti terrò al corrente su tutte quelle notizie e strategie che ti servono per risolvere in maniera specifica e su misura il tuo problema bancario in tutta sicurezza!
E già che sei lì scrivi un commento su questo libro che hai appena finito di leggere: se è stato utile per te può essere utile a qualcuno che ha un problema simile al tuo.

Imprenditore 1 - Banca 0: io scommetto su di te, adesso devi solo passare all'azione e darti da fare!

www.ingramcontent.com/pod-product-compliance
Lightning Source LLC
Chambersburg PA
CBHW072214170526
45158CB00002BA/595